Dr Hemmel duad sich auf
Das Markusevangelium auf Schwäbisch

Gewidmet
meiner Mutter Maria
meiner Schwester Irene
meiner Frau Karin

Für theologisch und schwäbischen Beistand darf ich neben anderen besonders herzlich danken:
Irene Habermann
Karin Vogel-Habermann
Albert Hägele
Christel Muncke
Günter Remmert
Dieter Worrings
Sehr wichtig ist gewesen das persönlich und sachlich so hilfreiche Engagement des Verlegers
Jürgen M. Schymura, auch wo es um das verlagsspezifisch Praktische ging. Danke sehr!

Willi Habermann

dr Hemmel duad sich auf

Das Markusevangelium auf Schwäbisch
gezeichnet von Dieter Groß

Verlag Katholisches Bibelwerk

Die Deutsche Bibliothek – CIP-Einheitsaufnahme

Ein Titeldatensatz für diese Publikation
ist bei Der Deutschen Bibliothek erhältlich.

ISBN 3-460-32054-0

Umschlag: Dieter Groß, Stuttgart
Titelzeichnung: Dieter Groß, Stuttgart
Satz und Repro: Rund ums Buch – Rudi Kern, Kirchheim
Druck und Bindung: Gulde Druck, Tübingen

Vorwort

Eine Evangelienübersetzung ins Schwäbische? Zwei Gedanken gehen mir da im Kopf herum. Zunächst eine theologisch-biblische Überlegung, wie sie etwa der Hebräerbrief von der Offenbarung des Alten Bundes ausdrückt: „Vielmals und auf vielerlei Weise hat Gott geredet“. Dies galt und gilt so auch vom Lesen und Übersetzen der Schrift: In vielen verschiedenen Weisen ist das Wort immer neu zur Sprache zu bringen, soll es für die Menschen verschiedener Zeiten und Kulturen ein lebendiges Wort und das Wort des lebendigen Gottes sein, soll es in unserem Mund und in unserem Herzen (vgl. Dtn 30,14) sein.
Dazu kommt eine zweite, eher lokal-regionale Beobachtung: Hochdeutsch sprechen zu müssen, ist dem Schwaben im tiefsten Herzen irgendwie suspekt. Im Herzen, und erst recht im Mund, ist dem Schwaben nicht das Hochdeutsche, sondern seine eigene, geliebte Mundart. Denn nur wenn er Schwäbisch schwätzt, ist er ganz bei sich und offenbart seinem Gegenüber gleichsam den O-Ton seines Denkens – und also auch seines Glaubens.
Willi Habermann bringt neue Facetten der Frohen Botschaft zum Leuchten. Allein die Über-

schrift: ‚S Wort vom Markus wo s dr wohl wird‘: Kraftvoller erscheinen einem plötzlich die Worte und Sätze, ergreifender jener Abschnitt, welcher diese Passage – entsprechend der dem Schwäbischen eigenen Intensität des Ausdrucks. Wir kennen zum Beispiel die Szene von Jesus und den Kindern (Mk 10,13-16), oft gehört – aber nun klingt sie so. ‚Ond se hend am Kender brocht, daß r se liab druckt. (…) So isch des, i sag's eich: Wer net s Reich vom Gott-Vater wia a Kend anemmt, der kommt net nei. Ond er hot se en da Arm gnomma, hot d Hend auf se glegt ond na sein Sega geba.‘ Das ist warm, weich und so ausdrucksstark. Wer je Zweifel an der Ernsthaftigkeit und tiefen Berechtigung einer solchen Übersetzung hatte, den überzeugen solche Sätze mit viel Wärme und Charme. Mehr noch: Sie helfen, die frohe Botschaft, die Worte Jesu und sein Handeln in unsere Zeit und in unsere Welt hineinzutragen, dass sie ankommt. Deshalb begrüße ich die vorliegende Publikation außerordentlich und freue mich – als Seelsorger, Theologe, Bischof – und Schwabe!

„Das Markusevangelium auf Schwäbisch“ erinnert mich als Bischof von Rottenburg auch an den großen Sohn der Bischofsstadt am Neckar: Josef Eberle, alias Sebastian Blau (1901-1986), der wie Willi Habermann ebenfalls ein Meister schwäbischer Mundartdichtung war.

Sebastian Blaus Mundartgedichte blicken tief in die schwäbische Gemüts- und Seelenverfassung, sie schildern aber eben auch gekonnt, was und vor allem wie die Schwaben glauben. Als 1980 die „Einheitsübersetzung“ der Bibel herauskam, stieß sein feines Sprachempfinden sich daran heftig. Seine Kritik brachte er in Verse, die ich diesem Werk mit einem herzlichen Gruß und allen guten Wünschen als Geleit mitgeben möchte.

„I hao’ mol gsait vor langer Zeit:
es möcht ob deane Stondeleut
dr Teufel schier katholisch weare.
Iatz hoaßts de’ Kropf vo’ nuiem leere’;
denn iatzt hend meine Glaubensbrüader
– Studierte, koane Soafesiader! –
uf neudeutsch d Bibel übersetzt.
Liest dia dr Bapst, der deutsch jo schwätzt,
noh möcht r lutherisch weare’.“

Möge das Markusevangelium auf Schwäbisch ‚lutherischen‘ wie katholischen Lesern geistigen Genuß und geistlichen Gewinn bereiten: ‚dr Hemmel duad sich auf‘!

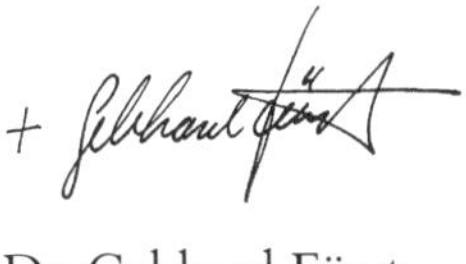

Dr. Gebhard Fürst
Bischof von Rottenburg-Stuttgart

Gangat andre Weg – ruaft dr Johannes

1 1 S Wort wo s dr wohl wird vom Jesus, vom
Messias, am Gott-Vater seim Soh, fengt so a.
2 Wia s beim Propheta Jesaja aufgschrieba stoht:
Do, guckat! I schick eich oin voraus, der meldat
de a, der soll dir da Weg vor de Fiaß richta, daß
da guat auf am gohsch. 3 Der ruaft en dr
Wiaschte laut naus: Richtat da Weg her fir da
Herra; machat seine Stroßa topfebe. 4 Ond so

isch gscheha, daß dr Deifer Johannes en der
Wiaschte aufgruafa hot: I dauf eich, daß r an
andra Weg gangat – no isch ällas vergeba, was
r fir a schlemms Zeig gmacht hend. 5 Ond naus-
zoga zu am isch s ganze Volk von Judäa ond au
älle Leit vo Jerusalem. Ond se hend sich von am
taufa lassa em Jordanfluß ond hend drzua
eigstanda, wo se drnebe dappt hend. 6 Dr Johan-
nes hot an Kamelhoorrock aghet mit ma Leder-
girtel om d Hifta. Heischrecka hot r gessa ond
da Honig von de wilde Beena. 7 Ond aufgruafa
hot r: Noch mir kommt oiner, wo stärker isch
wia i. I taug net amol do drzua, daß e me vor
am nontrbuck ond am d Schuabendel aufmach.
8 I han eich mit Wasser deift; der deift eich mit
em Hoiliga Geist.

Dr Hemmel duat sich ibr m Jesus auf

9 Ond so isch gscheha: En dene Täg isch dr Jesus
von Nazaret en Galiläa herkomma ond isch
vom Johannes em Jordan dauft wora. 10 Ond
glei drnoch, wo r aus am Wasser rausgstiega
isch, hot r gseha, wia dr Hemmel an Riß kriagt
hot, ond wia a Daub – desch dr Geist gwesa –
auf an rontergfloga isch. 11 Ond laut hot a
Stemm vom Hemmel ronter gruafa: Du bisch
mei Soh, mei liaber. Wia du mir gfällsch.

Jesus wird en d Wiaschte trieba

12 So hot an dr Geist naus en d Wiaschte trieba.
13 Vierzig Täg isch r do blieba, ond dr Baise hot
mit am abandla wella. Ond mit de Tier hot r
glebt, ond d Engel send om an rom gwesa.

Jetzt hot Gott s Saga, ruaft Jesus

14 Da Johannes hend se ens Gfengnis gschmissa,
ond do drnoch isch dr Jesus noch Galiläa
komma, ond hot vom Herrgott a Freid brocht:
15 Er hot s ausgruafa: Jetzt endlich isch so weit,
mit eich wird älles guat! Gangat andre Weg!
Ond: Trauat blend meim Wort, no wird s eich
wohl!

Seine erste Jünger

16 Ond wia r am Galiläasee lang ganga isch, hot r
gseha, wia dr Simon ond sei Bruader Andreas
em See s Netz gworfa hend; des send Fischer
gwesa. 17 Ond dr Jesus hot zu ana gsagt: Auf!
Kommat mit, i mach aus eich Menschafischer!
18 Ond glei hend se s Netz liega lau ond send
mit am ganga. 19 Ond a Stuck Weg weiter hot r
da Jakobus, da Soh vom Zebedäus, gseha ond da

Johannes, sein Bruader; dia send au em Boot
ghockt ond hend d Netz hergrichtat. [20] Ond glei
hot r se gruafa; ond se hend ihran Vater
Zebedäus ond seine Arbeiter em Boot lassa,
send weg ond am Jesus noch.

D Leit en dr Synagog kriagat an Schrecka

[21] So send se en Kafarnaum eizoga. Ond glei am
Schabbes isch r en d Synagog ond hot d Schrift
ausglegt. [22] Do hend se an Schrecka kriagt wega
dem, was r glehrt hot. Wia oiner, wo aus Erfah-
rong woiß, worauf s akommt, hentr dem dr
Gott-Vater stoht, ond net wia dia, wo's bloß aus
de Biacher hend. [23] Ond do isch au glei en ihra
Synagog oiner gwesa mit ma baisa Goist, Der
hot laut nausgschriea: [24] Ha, wa willsch vo ons,
Jesus vo Nazaret? Bisch komma, ons kaputt z
macha! I woiß, wer da bisch: dr Gott-Vater
schickt de. [25] Aber dr Jesus hot an agfahra ond
gsagt: Halt aber au glei dei Maul ond fahr aus
am raus! [26] Ond wiascht beitelt hot an dr baise
Geist ond a Hella-Heidagschroi isch gwesa, auf-
gheilt hot r ond er isch aus am rausgfahra.
[27] Ond älle hot dr große Schrecka packt, se hend
desdrwega stritta ond gsagt: Was isch denn los?
Do heersch ebbas ganz Neis von oim, wo Gwalt
iber s Gsetz hot. Ond der hoißt dia baise

Goischter, was se do sollat, ond dia folget am
aufs Wort. 28 Ond wia schnell sich dees weit ond
broit em ganza Galiläalendle romgsprocha hot!

S Fieber isch weg gwä

29 Ond glei wo se aus dr Synagog draußa gwesa
send, isch r mit am Jakobus ond am Johannes
ens Haus vom Simon ond Andreas ganga. 30 Am
Simon sei Schwiergmuater isch mit Fieber em
Bett glega. Ond se hend desdrwega glei mit am
gschwätzt. 31 Ond er isch zu ra na, hot se an dr
Hand gnomma ond hochzoga. Ond s Fieber
isch weg gwä, ond se hot ena ebbas aufgwartet.

Er hot d baise Goister nausgjagt

[32] Wia s no Obend wora isch, d Sonn onter-
ganga gwä isch, hend se älle zu am na brocht,
wo schlemm dra gwä send, ond dia, wo a baiser
Geist packt ghet hot. [33] Ond d ganza Stadt hot
zur Tür nei druckt. [34] Ond viele hot r gsond
gmacht, wo ällerloi Krankeit ghet hend ond hot
ena ihre baise Goischter zom Deifel gjagt. Bloß
– des hot r net wella, daß dia iberall nausposau-
nat: Mir wissat, wer der isch!

Älle spionierat am Jesus noch

[35] Ganz friah am Morga – s isch no halber Nacht
gwä, isch r aufgstanda, nausganga, weg zu ma
abglegana Wenkel. Do hot r betat. [36] Aber dr
Simon ond seine Kumpel hend henter am her
spioniert. [37] Ond wia se n gfonda ghet hend,
hend se zu am gsagt: Älle suachat noch dr!
[38] Ond er sagt ana: Auf, mir gangat wo anders
na, en d nächste Derfer, daß e au dene was saga
ka; do drzua ben e doch komma. [39] Ond wo er
nakomme isch, hot r sei neis Wort en ihre Syna-
goga brocht iberall em Galiläerland ond hot
d' baise Goischter verjagt.

Jesus hoilt oin ond muaß sich verstecka

[40] Ond oiner mit ama Aussatz isch zu am
komma, hot's net verheba kenna – scho a weng
a starks Stick isch des gwesa – hot sich vor am
naknuialat ond zu am gsagt: Wenn du's willsch,
kaasch me wieder hoil macha. [41] Ond des hot
am s Herz beinah abdruckt, ond er hot noch
am glangt, hot an fest packt ond zu am gsagt:
I will's, du wirsch recht. [42] Ond glei isch dr Aus-
satz weg von am gwä, ond er isch hoil worda.
[43] Ond no hot er en aber agfahra ond glei naus-
gschickt. [44] Nemm de zamma, sagt r am, daß da
do driber au scho koi gozzigs Wertle verliersch
– vor koim. Aber gang, zoig de am Pfarrer ond
breng am do drfir, daß d wieder recht worda
bisch, das was dr Moses gsagt hot – daß se
wissat, was passiert isch. [45] Dr Jesus aber isch
naus ond hot domit agfanga des weiter onter
d Leit z brenga ond desdrwega hot r nirgends
meh auftaucha dirfa, en koi Stadt meh dirfa,
draußa em öda Land isch r blieba. Aber d Leit
send vo iberall her zu am komma.

Se deckat s Dach ab wega ma Lahma

2 1 Wia r no etliche Täg drnoch wieder auf
Kafarnaum komma isch, hot's ghoissa, er
isch em Haus. 2 Ond viele send zammagloffa,
koi Platz meh isch gwesa ond neamed isch meh
zur Tür neikomma. Ond wia r seine Sacha vor-
brocht hot, 3 kommat oine ond brengat am an
Lahma – vier Menner hend an traga. 4 Weil se
den wega de viele Leit net zu am na brenga
hend kenna, hend se do, wo r gwä isch, s Dach
abdeckt, a Loch en d Decke ghaua ond hend dia
Tragbahr mit dem Lahma nonterglassa. 5 Wia dr
Jesus gseha hot, daß se aber au scho ällas auf an
setzat, hot r zom Lahma gsagt: Kend, älle doine
schlemme Sacha send dr vergeba. 6 Do send au a
paar Schriftstudierte rom gsässa ond hend sen-
niert: 7 Wia! Was erlaubt sich der do zom saga!
Desch a Gotteslästerer! Wer ka Senda vergeba
außer oim: Gott? 8 Des spannt dr Jesus glei, daß
se des denkat, ond er sagt ana: Was treibet ihr
do en eire Herza ? 9 Was isch leichter, zu ma
Lahma saga: Weg send deine Senda oder: Stand
auf, nemm dei Bahr onter da Arm ond lauf
rom? 10 Daß r aber au wissat, daß dr Menscha-
soh d Gwalt hot en dr Welt, Senda z vergeba,
sag e dr, sagt r zom Lahma: 11 Stand auf, pack dei
Bahr, gang hoim! 12 Ond der isch aufgstanda, hot

glei dia Bahr packt ond isch vor älle Leit
nausganga, daß dia sich nemme kriagt hend ond
da Herrgott globt ond gruafa hend: So ebbas
isch ons no nia onter d Auga komma!

Jesus ißt mit dr Lompabagasch

13 Dr noch isch r wieder naus aufs Land, am See
lang, ond älle send zu am komma, ond er hot
ana viel beibrocht. 14 Ond wia r weiterzoga isch,

hot r da Soh vom Alphäus, da Levi, am Zoll
sitza seha. Ond er sagt am: Du, komm mit mr!
Ond der isch aufgstanda ond isch mit em ganga.
15 Ond wia er no do en seim Haus auf de Polster
liegt beim Mittagessa ond viele Zellner ond an-
dre Sender send mit Jesus ond seine Jünger
beim Essa glega – s isch emmer a ganzer Haufa
gwesa, wo mit am zoga isch, do isch des passiert.
16 Wo no dia Schriftstudierte von de Gsetz-
wächter gseha hend, daß r mit Sendaleit ond
Zellner ißt, hend se zu seine Jünger gsagt:
Sehat r s, mit Zellner ond andre Sendaleit
ißt r! 17 Jesus heert's ond sagt ana: Net dia
wo gsond send, brauchat da Dokter, aber dia,
dene s miserabel goht. I ben net zu de Grechte
komma, noi, zu de Sender.

Fasta – wenn dr Breitigam em Haus isch?

18 Wo am Johannes seine Jünger ond d Gsetz-
wächter grad gfastat hend, do kommat se ond
sagat am: Warom fastat am Johannes seine Jün-
ger ond dia von de Gsetzwächter – ond deine
Jünger net? 19 Ond dr Jesus hot ana gsagt: Des
goht doch net, dass d Freind vom Breitigam
fastat, wenn dr Breitigam bei ana isch? En dera
Zeit, wo se da Breitigam bei sich hend, kennat
se doch net fasta. 20 Aber s kommat dia Täg, wo

ma da Breitigam vo ana wegnemmt, no fastat se
– an dem Tag. 21 Koiner näht auf an alta Kittel
an Flecka vo ma guata neia Stoff, weil der
Flecka – der hebt net. S Neie aufs Alte, des gibt
drnoch no an gressera Riß. 22 Ond koiner fillt an
neia Wei en alte Schleich. Noi, an neier Wei
gheert en neie Schleich.

Dr Honger ond dr Schabbes

23 Oimol, wo r am Schabbes durch d Felder
ganga isch, hend seine Jünger drmit agfanga,
Ähra z rupfa. 24 Do hend d Gsetzwächter zu am
gsagt: Siehsch des net! Warom dent dia am
Schabbes, was ma net derf? 25 Do sagt r na: Ihr
hend scheint's nia drvo glesa, was dr David do
hot, wo r domols ebbas braucht hot, Honger hot
r ghet – dr David ond seine Freind? 26 Wia r on-
ter m Hohapriester Abjatar en da Tempel nei
isch ond dia Brot firs Opfer gessa hot, dia wo
bloß d Priester hend essa dirfa – ond au seine
Freind hot r drvo geba? 27 Ond zu dene hot r
gsagt: Dr Schabbes isch fir d Leit do, d Leit send
net fir da Schabbes do. 28 D Gwalt au ibr da
Schabbes hot dr Menschasoh.

Da Schabbes net zuma Ölgötza macha

3 1 Ond no isch r wieder en a Synagog komma.
Do isch oiner mit ra verdorrta Hand gwä. 2
Ond se hend an abpaßt, ob r den am Schabbes
gsond macht, daß se n vor da Kadi zieha kennat.
3 Zu dem mit dr steifa Hand sagt r: Stell de
mittla onter ons nei. 4 Ond zu dene sagt r: Derf
ma am Schabbes ebbas Guats oder ebbas
Schlechts do, derf ma a Leba retta oder oin om-
brenga? Se hend koin Muckser do. 5 Do hot r se
rondrom mit ma hoiliga Zora aguckt, ond dr
Jammer hot an packt, was fir bockelharte Herza
dia hend ond sagt dem Menscha: Streck dei
Hand aus! Der duat's – ond se isch gsond gwesa.
6 D Gsetzwächter send nausganga ond hend glei
mit de Politiker a Resolutio gega n abfassa wella,
wia se an zgrondrichta kenntat.

Lassat me net en dr Druckate

7 Dr Jesus aber isch na zom See nonter aus-
gwitscht. Ond a Mordshaufa Leit aus Galiläa
isch henter am drei, aus Judäa, 8 vo Jerusalem,
aus Idumäa, vom andera Ufer vom Jordan, von
dr Gegend om Tyrus ond Sidon, a Riesahaufa
Leit. Weil se gheert hend, was r duat, send se zu

am komma. [9] Do hot r seine liabe Gsella gsagt,
se sollat a Boot bsorga, daß r net mitta en dr
Druckate stoht. [10] Weil – er hot viele gsond
gmacht. Ond so send se iber an hergfalla, daß se
an alanga kennat ond daß r net vo älle dene arg
Plogte weglaufa ka. [11] Au dia osaubere Goister
hend sich iber an hergmacht, wenn s en gseha
hend ond hend gschriea: Du bisch am Gott-Va-
ter sei Soh! [12] Do hot r ana aber an Riffel geba,
weil – se sollat jo net saga, wer r isch.

Jesus ond seine zwelf Gsella

[13] No steigt r auf da Berg ond ruaft dia zu sich
her, wo r selber wella hot. Ond se send von de
andere weg ond zu am naganga. [14] Zwelf hot r
rausgsuacht – dia hend noh om an rom sei solla,
daß r se nausschicka ka, d Leit sei Wort, wo s

oim wohl wird, z brenga [15] ond d Kraft hot r na
geba, d kranke Goister ausztreiba. [16] Dia Zwelf
hot r rausgsuacht: Da Simon, den hot r drzua no
Petrus ghoißa; [17] dann da Jakobus, am Zebedäus
sein Soh, ond da Johannes, am Jakobus sein
Bruader, dene hot r au no Zuanama geba: Boan-
erges, des hoißt Donnerseh; [18] dann da Andreas,
da Philippus ond Bartholomäus ond da Mat-
thäus, da Thomas ond Jakobus, am Alphäus sein
Soh; dann da Thaddäus ond da Simon, da Frei-
heitskempfer ond [19] da Judas Iskariot – der hot
an verrota.

Sei Familie moint: Der spennt!

[20] Ond er kommt ens Haus. Ond glei wieder
laufat d Leit zamma, net amol sei Vesper hot r
do drbei essa kenna. [21] Ond wo sei Familie des
gheert hot, send se los, daß s an packat; weil s
ghoißa hot, der hot durchdreht.

De Schriftstudierte

[22] Ond dia Schriftstudierte, wo vo Jerusalem ron-
terkomma send, hend gsagt: Der hot da Beelze-
bub, da obersta Teifel, em Ranza! Ond: Mit am
Heiptleng von de kranke Goister treibt r d

kranke Goister aus! [23] Do hot r se hergruafa ond
hot ena Bildergschichta verzehlt: Wia ka a Satan
an Satan austreiba? [24] Ond: Wenn a Kenigreich
gspalta isch, oiner gega da andra, wia ka s no
weiterleba. [25] Ond: Wenn en era Familie oiner
da Haß auf da andera hot, no isch's aus mit dera
Familie. [26] Ond: Wenn dr Satan gega sich selber
a Revolutio gmacht hätt, sich mitta durch ghaua
hätt, no duat r koin Schnaufer meh. [27] Noi, koi-
ner kommt ens Haus vo ma Starka nei ond ka
d Schißla ond d Tepf rausreibera, wenn r net
vorher den Starka gfesselt hot; no kaa r s ausrei-
bera, s Haus: [28] So isch, i sag's eich: Ällas wird de
Menschakender vergeba, was se schlemms Zeig
gmacht hend, au wenn se scho gottsallmächtig
ihr Maul verrissa hend. Aber wer gega da Hoi-
liga Geist sei Maul verreißt, fir den gibt's koin
Pardo, so alt au d Welt wird, noi, auf dem bleibt
dr Sendaberg hocka – [30] dees: weil se gsagt
hend, daß r an osaubera Goist hätt.

Bloß koine Familiafessla

[31] Ond jetzt kommat sei Muater ond seine
Briader. Draußa send se gstanda, hend noch am
gfrogt, ma soll an ruafa. [32] Om an rom send Leit
ghockt, ond ma hot am gsagt: Heer zua! Dei
Muater ond deine Briader ond Schwestra send

draußa ond suachat de. [33] Do fangt r a ond sagt
ena: Wer isch des, mei Muater ond meine
Briader? [34] Ond rondrom em Krois guckt r älle
a ond sagt: Do send se – mei Muater ond meine
Briader! [35] Wer duat, was dr Herrgott will, der
isch mei Bruader ond Schwester ond Muater.

Mit Bildergschichta hot r glehrt

4 [1] Ond wieder hot r agfanga am See mit seine-
ra Lehr. Ond s send viele Leit bei am zamma-
komma, so viele send's gwä, daß r en a Boot
gstiega isch, sich nagsetzt hot, ond geganiber send
d Leit am Land gstanda. [2] Ond emmer hot r
Bilder brocht, wenn r na ebbas hot saga wella:

Paß auf, wo da deine Kerner nasäsch

[3] Heerat! So isch! A Bauer isch naus zom Säa.
[4] Ond wia r so gsät hot, isch's gwä wia scho

emmer: Kerner send nebanna auf da Weg gfalla.
Ond d Vegel hend se aufpickt. 5 Kerner send auf
da stoinig Boda gfalla, do isch wenig Ackerkrum
gwesa. Dia send glei hochgschossa, d Wurzla
send net diaf em Boda gsteckt. 6 Wia d Sonn
aufganga isch, isch des verbrennt ond verdorrt –
s hot halt koine rechte Wurzla ghet.
7 Ond Kerner send au en d Distla nei gfalla, dia
send raufgwachsa ond hend d Kerner verstickt.
Hosch koi Frucht gseha. 8 Ond Kerner send auf
guata Boda gfalla ond hend Frucht brocht.
D Ähra send hoch gstanda. Ond wia dia Kerner
meh worda send: dreißgmol, sechzgmol, hon-
dertmol so viele. 9 Ond er hot gsagt: Älle, wo
Ohra hend, wo heera kennat, sollat heera!

Ihr, kapieret ihr au koine Bilder?

10 Wia r no alloi gwä isch, hend a paar von dene,
wo mit de Zwelf om an rom gwä send, noch
seine Bilder gfrogt. 11 Dene hot r gsagt: Eich isch
des Wonder von dr Herrschaft vom Gott-Vater
avertraut worda; dene aber draußa zoigt sich
ällas en Rätsel, 12 daß se

rom ond nom guckat,
guckat rom ond nom –
ond oinaweg nix sehat,
heerat, nomol nix heerat,

oinaweg nix verstandat,
außer, daß se sich doch amol
romdreha dätat,
ond ma dät's ana net verarga.
13 Ond er sagt ana: Ihr verstandat des Bild net?
Mei – wia wellat r no iberhaupt Bilder kapiera?

I helf eich auf d Fiaß

14 Dr Bauer, wo sät, der sät s Wort.
15 Dia „auf da
Weg" aber, des send dia, fir dia des Wort gsät
wird. Bloß – glei, wenn se s gheert hend,
kommt dr Satan ond klaut ana des Wort weg,
wo gsät isch.
16 Des wo auf da „stoinige Boda"
gfalla isch, des send dia, wo s Wort, wenn se s
heerat, mit era obendiga Freid en sich nei lassat,
17 bloß se hend ennadren koine Wurzla, des send
Leit vom ersta Hui. Weil – drnoch, wenn wega

dem Wort lästige Sacha auf se zuakommat, no
paßt ana nix meh. [18] No gibt's no sotte, wo s „en
d Distla" gfalla isch – dia hend s Wort gheert,
[19] bloß d Alltagssorga da liaba lange Tag lang
ällaweil, ond dr Glusta drnoch, a reicher Ma z
werda, ond andre Glista noch andre Sacha
druckat dia zamma, ond s Wort verstickt, ond s
brengt koi Frucht. [20] Ond selle, wo s auf „guata
Boda" gfalla isch, des send dia, wo s Wort heerat,
eiwurzla lassat ond Frucht brengat – dreißg-,
mei sechzg- ond hondertfach.

Desch doch Klar

[21] Ond er hot ana gsagt: Paßt des fir a Licht, daß
ma's onter da Kruag stellt oder onters Kanapee
– muaß ma des net auf an Leichter stella?
[22] Weil – nix isch versteckt, als daß ma's au amol
seha ka. Ond nix hot ma oifach hentanom gstellt
als do drfir, daß ma's au amol onter d Auga
kriagt. [23] Wenn oiner Ohra hot, wo heera ken-
nat, no soll r heera!

Si isch dees

[24] Ond er hot ena gsagt: Guckat iberall na, was r
heerat! Mit dr gleicha Meßlatt, mit dera ihr mes-

sat, mißt ma au eich – ja, ihr kriagat meh!
[25] Weil der wo hot, no ebbas drzua kriagt. Ond
der wo nix hot, dem nemmt ma au no dees, was
r hot. [26] Ond er hot gsagt: Wenn dr Herrgott s
Saga hot, isch des, wia wenn oiner auf seim
Acker sät, [27] ond no schloft r, wacht auf, bei
Nacht ond am Tag. Ond dr Sama goht auf –
siehsch, wia's aus am rauswechst, wia des
zuagoht, des woiß r net. [28] Vo ganz alloi brengt
der Boda d Frucht, z erst da Halm, drnoch d
Ähra, ond no en dr Ähr s ausgwachsane Kora.
[29] Ond wenn's soweit isch mit dr Frucht, schickt
r d Sichel. Jetzt isch Zeit zom Ernta.

Was Kloi isch, wird groß

[30] Mit was kennat mr des, daß Gott s Saga hot,
zammabrenga, mit was fir ama Bild des klar
macha, hot er no gsagt. [31] Desch wia mi ma
Senfsama: Hosch den eigsät, au wenn r kloiner
isch wia älle Sama sonsch auf dr Welt, [32] aber
wenn r gsät isch, wechst r ond wechst, wird
greßer wia ällas Kraut ond treibt Zweig so groß,
daß dronter en seim Schatta d Vegel vom
Hemmel ihre Nester baua kennat.

Jedam verkuttlat r s anders

33 En viele sotte Bilder hot r ana sei Sach ausa-
nanderglegt, grad so, wia s’es hend kapiera
kenna. 34 Nix hot r ohne Bilder gsag. Nochher
alloi mit seine Jünger hot r na ällas erklärt.

Au dr Wend ond dr See dont, was r sagt

35 Ond no an dem Tag sagt r ana obends: Auf,
fahrat mr ans andre Ufer. 36 Ond se lassat d Leit
standa ond nemmat an, wia r grad gwä isch, em
Boot mit; au andre Boot send mitgfahra. 37 Do
isch a Mordswend aufkomma, ond d Wella
hend ens Boot neigschlaga, desch scho voll
Wasser gwä. 38 Er aber isch henta am Heck
gwesa ond hot auf ama Kopfkissa gschlofa. Se
weckat an auf ond sagat am: Meister, macht dir
des nix aus, daß mit ons aus ond vrbei isch?
39 Do hot sich aufgrichtat, hot da Wend agfahra
ond am See gsagt: A Ruah, laß dei Toba! ond da
Wend hot sei Kraft verlassa – totastill isch’s
worda. 40 Ond er hot ana gsagt: Was fir Feigleng
send r doch! Emmer no hend r koi Zuatraua zu
mir! 41 Ond d Angst hot se packt, a gottallmäch-
tiga Angst. Ond se hend ontranander gsagt: Wer
isch des bloß, daß au dr Wend ond dr See dont,
was r sagt?

D Goister vom Bsessana fahrat en d Sej

5 [1] Ond se send ans andre Ufer vom See
komma, en da Landstrich von de Gerasener.
[2] Wia r grad aus am Boot rausgstiega isch, isch
am a Mensch aus de Felsakeller mi ma osaubera
Goist iber da Weg glaufa: [3] Der hot en de Felsa-
lecher ghaust, ond net amol mit Ketta hot ma
den em Zaum halta kenna. [4] Weil emmer, we
ma n mit Fuaßeise ond Ketta gfesselt ghet hot,
hot r ällas, Ketta ond Eisa wia nix ausananderg-
fazt. Koiner isch stark gnuag gwesa, daß r an
bendigt hätt. [5] Ällaweil, Tag ond Nacht, isch r en
de Hehla ghockt, hot gschriea ond mit Stoiner
auf sich neigschlaga. [6] Ond wia r Jesus gseha hot,

isch r auf an zuagspronga, hot an tiafa Diener
vor am gmacht 7 ond hot was r no kenna hot
gschriea: Wa willsch du vo mir, Jesus, Soh vom
hechsta Gott-Vater? I schwer's bei Gott: Marter
mi net! 8 Weil r zu am gsagt ghet hot: Fahr raus
aus dem Menscha, osauberer Goist! 9 Drnoch
hot r n gfrogt: Wia hoisch? Abertausat hoiß e,
sagt r am. Weil – mir send a Omenge. 10 Ond er
hot am vorgheilt, zuagredat, daß r se doch jo net
aus am Land schickt. 11 Driba aber, am Berg, hot
ma grad a Riesaherd Sei ghiatat. 12 Ond dia Go-
ister hend am zuagredat ond gsagt: Schick ons
en dia Sei nei, laß ons en se neifahra. 13 Do hot r
na nochgeba. Ond rausgfahra send dia ekelhafte
Goister nei en dia Sei! Ond d ganza Herd isch

da Steilhang nontergschossa en da See – ogfähr
zwoitausat Sticker – ond isch versoffa em See.
14 D Sauhirta send auf ond drvo ond hend's en
dr Stadt romverzehlt ond auf älle Hef. Ond vo
iberall her send d Leit gloffa komma, hend seha
wella, wa do passiert isch. 15 Se kommat zom Je-
sus ond guckat da Ma a, wo von de wiaschte
Goister bsetzt gwä isch, wia r dohockt, azoga
ond gsond em Kopf, da Ma, den wo drvor dia
Abertausat ghet hend. Ond se send en älle Eng-
sta gwesa. 16 Ond dia, wo des gseha hend, hend
ana verzehlt, wia's zuaganga isch mit dem, wo
von de kranke Goister bsessa gwä isch ond mit
de Sei. 17 Ond se hend am zuagredat, er soll
doch wegziaha aus ihrera Gegend.

Dr Bsessane ka sein Dank net verheba

18 Wo r ens Boot neigstiega isch, hot der, wo da
kranka Goist ghet hot, auf an eigredet, daß r bei
am bleiba derf. 19 Aber des hot r net wella, er
sagt am: Gang hoim zu deine Leit ond verzehl
ana, was dr Meister dir ällas do h ot, ond wia r
wia Vater ond Muater zu dr gwä isch. 20 Der
isch wegganga ond hot's em Zehstädtland nir-
gads verheba kenna, laut nauszsage, was ällas der
Jesus am do ghet hot. Ond älle hend bloß no so
d Auga aufgrissa.

Dia Frau verliert koi Bluat meh

[21] Ond wia Jesus no amol em Boot quer ibr da
See ans andre Ufer gfahra isch, send viele Leit
om an rom gstanda. Wia's halt isch am See.
[22] Ond oiner von de Synagogavorstend, Jairus
hot r ghoißa, isch komma, hot an gseha, isch am
vor d Fiaß gfalla ond [23] hot am zugsprocha ond
an bittlat: Mit meim Techterle stoht's lätz.
Komm, komm, leg am d Hend auf, daß s gsond
wird, daß s am Leba bleibt. [24] Ond er isch mit
am ganga. Ond viele Leit send am noch, ond s
isch a rechta Druckate gwä. [25] Ond no isch do a
Frau gwesa, dia hot scho zwelf Johr emmer
Bluatonge ghet, [26] onter de Dokter arg glitta,
ond ihr ganz Geld isch draufganga. Aber s hot
ällas nix gholfa, s isch eher no schlemmer wor-
da. [27] Se hot vom Jesus gheert ghet, hot sich vo
henta her zwischa de Leit durchdruckt ond sei
Kloid aglangt. [28] Se hot sich nemlich iberlegt:
Wenn e au bloß an sei Kloid komm ond des
pack, werd e gsond. [29] Ond glei hot s Bluata
aufgheert, ond se hot's gspirt: I ben dia Plog los.
[30] Ond Jesus hot gspirt, daß a Kraft von am aus-
ganga isch. Er hot sich noch de Leit omdreht
ond gsagt: Wer hot mei Kloid aglangt? [31] Ond
seine Gsella hend am gsagt: Siehsch doch, en
was fir a Druckate da bisch ond do frogsch no:
Wer hot me aglangt?

32 Ond er hot nom ond rom guckt, hot se seha
wella – dia, wo's do hot. 33 Dia hot aber an
Schrecka kriagt, zittrat hot se am ganza Leib,
weil – se hot jo gwißt, was ra passiert isch, ond
se isch zu am na, hot sich vor am naknuialat ond
gradraus ällas verzehlt, wia's gwä isch. 34 Er aber
hot ra gsagt: Tochter, daß da mr des zuatraut
hosch, hot de gsond gmacht. Jetzt kasch seela-

ruhig hoimganga, gsond bisch, hosch dei Plog
los. 35 Wia r no mit ra schwätzt, kommat se vom
Synagogavorstand ond sagat: Dei Tochter isch
gstorba. Fall am Lehrer net no lenger auf d
Nerva. 36 Aber Jesus, der mitkriagt hot, was se
nebadra gschwätzt hend, sagt am Synagogavor-
stand: Han oifach Zuatraua! Setz alloi auf mi!
37 Ond koin von seine Jünger hot r mitlassa au-
ßer am Petrus, am Jakobus ond am Johannes, dr
Bruader vom Jakobus. 38 So send se ens Haus
vom Synagogavorstand komma. Ond er hot s
ganze hysterische Durchananander vor Auga ghet,
ond wia se älle heilat, jammrat ond schreiat.
39 Ond no zwischa Tir ond Angel sagt r na: Was
send dr außer Rand ond Band ond heilat? Des
Kend isch net tot, des schloft. 40 Do hend se n
älle ausglacht ond wia. Er aber jagt se älle naus,
nemmt da Vater vom Kend ond d Muater ond
seine Jünger mit nei, wo s Kend isch. 41 Ond
nemmt's an dr Hand ond sagt am: Talita kum –
auf deitsch: Mädle, i sag dr, stand auf! 42 Ond
glei isch s Mädle aufgstanda ond omanander-
glaufa; s isch jo scho zwelf Johr alt gwesa. Ond
se hend nemme aus ond ei gwißt. 43 Er aber hot
se streng vergattarat: Koi Wertle do driber vor
de Leit! Ond gsagt hot r no: Gebat ra ebbas zom
Essa.

Drhoim gilt dr Jesus nix

6 [1] No isch r von do wegzoga. Ond isch en sei
Hoimatstadt komma mit seine Jünger. [2] Am
Schabbes hot r no agfanga, en dr Synagog z
lehra. Ond viele, wo zuagheert hend, hend sich
nemme kennt, send außer sich gwä ond hend
gsagt: Wo der des her hot? Ond: Was send des
bloß fir Weisheita, wo hot der des bloß her?
Ond ma verzehlt ja do ganz oglaubliche
Gschichta – des soll der mit seine Hend macha?
[3] Isch des net der Handwerker, dr Soh von dr
Maria, dr Bruader vom Jakobus, vom Joses, vom
Judas, vom Simon? Ond kennat mr net seine
Schwestra do bei ons em Ort? So hend se sich
arg an am grieba. [4] Jesus hot zu ana gsagt: Dr
letschte Dreck isch a Prophet drhoim en seiner
Vaterstadt, bei seinera Verwandtschaft ond en
seim oigana Haus. [5] Ond koi gozzigs Wonder
hot r do fertigbrocht, außer daß r a paar Kranke
gsond gmacht hot, wenn r na d Hend aufglegt
hot. [6a] Ond er hot, bloß no stauna kenna, wia dia

au iberhaupt koi Zuatraua ghet hend. [6b] Drnoch
isch r en älle Nochbrderfer romzoga ond hot
ana seine Weg aufzoigt.

Jesus schickt seine Zwelf Gsella

[7] Ond er ruaft seine Zwelf zamma. Hot drmit
agfanga, se – emmer zwoi zamma – wegz-
schicka ond hot ana d Gwalt iber d osaubere
Goister geba. [8] Er hot se au ghoißa, nix mit auf
da Weg z nemma, bloß an Stecka: Koi Stuck
Brot, koin Rucksack, koi Stuck Geld em Girtel,
[9] bloß Sandala an de Fiaß. Ziehat au koine zwoi
Leibreck a! [10] Ond er hot ana gsagt: Wo r en a
Haus eiziahat, do bleibat, bis r vo dem Ort wei-
terziahat. [11] Ond wenn a Dorf eich net neileßt,
se nix vo eich wissa wellat, gangat weiter, schitt-
lat da Sand von de Fiaß – des zoigt, wa des fir
oine send. [12] Ond so send se nauszoga ond hend
iberall gruafa: Machat auf dr Stell kehrt! [13] Au
viele osaubere Goister hend se austrieba, viele
Kranke mit Öl gsalbt ond gsond gmacht.

Was d Groβe ond Kloine vom Jesus haltat

[14] Ond dr Kenig Herodes hot do drvo gheert,
weil am Jesus sei Nama iberall auftaucht isch,

ond d Leit gsagt hend: Dr Deifer Johannes isch
wieder onter de Lebige, ond sei Kraft zoigt sich
em Jesus. [15] Andre hend's so gseha: Desch dr
Elias! Ond nomol andre: Desch a Prophet wia d
alte Propheta! [16] Wia dr Herodes aber drvo
gheert hot, hot r gsagt: Der, den i selber an Kopf
kirzer han macha lassa, dr Johannes – der isch's!
Der isch von de Tote aufgstanda.

Dr Johannes lehrt am Herodes mores

[17] Dr Herodes hot jo selber seine Leit noch am
Johannes nausgschickt ghet, daß s an packat, hot
an em Gfengnis fessla lassa, ällas wega dr Hero-
dias, seiner Schwägere, dr Frau vo seim Bruader
Philippus. [18] Weil r dia zom Weib gnomma hot,
hot dr. Johannes zom Herodes gsagt: Des goht
net a, d Frau vom Bruader han!

Om de Kopf bringe

[19] Herodias isch aber net ibel bais auf an gwesa,
am liabsta hätt se n ombrocht, aber se hot's net
kenna, [20] weil dr Herodes hot vor am Johannes
an Appell ghet, er hot an doch kennt, wia r
gwesa isch: oparteiisch ond echt fromm. Ond
desdrwega hot r ja auf an acht ghet. Ond wenn r

an gheert hot, isch's am emmer a weng mulmig
gwesa: Oinaweg hot r an gern gheert.
21 No isch a Tag komma – an dem hot ällas zam-
mapaßt; am Herodes seim Geburtstag isch's
gwesa, do hot r fir seine Minister, seine Generäl
ond d ganza bessera Gsellschaft vo Galiläa a
Festessa geba. 22 Ond d Tochter vo dr Frau vo
seim Bruader, vo dr Herodias, isch en da Saal
ond hot tanzt – ond wia! Ond des jonge Deng
hot am Herodes ond älle gfalla, wo mit am beim
Festessa glega send. Dr Kenig hot zom Mädle
gsagt: Sag mr's – was da au vo mr han willsch,
du kriagsch. 23 Ond er hot sogar an Schwur do:
Was da au han willsch, du kriagsch's, au wenn's
mei halbs Kenigreich wär. 24 Do isch se naus-
ganga ond hot zu ihra Muater gsagt: Was soll e
mr wenscha? Dia hot gsagt: Da Kopf vom Dei-
fer Johannes! 25 Ond glei isch se, ohne an Muck-
ser z do, nei zom Kenig, hot am ihren Wonsch
gsagt: I mecht, daß da mr nochher glei en ra
Schissel da Kopf vom Deifer Johannes brenga
lesch. 26 Ond am Kenig isch ganz zwoierloi
worda, aber er hot an sein Schwur denkt ond
dia, wo an gheert hend, wo mit am beim Fest-
essa glega send – ond do hot r ra net Noi saga
wella. 27 Drom hot r glei oin vo seinera Leib-
wach weggschickt mit am Befehl, da Kopf z
brenga. Der isch ganga, hot en em Gfengnis
kepft 28 ond hot da Kopf en era Schissel brocht.

Er hot an dem Mädle geba, ond s Mädle hot an
seinera Muater geba. 29 Ond d Jünger vom
Johannes hend drvo gheert, send komma, hend
d Leich mitgnomma ond en a Grab glegt.

Jesus alloi mit seine Zwelf Jünger

30 Ond dia wo Jesus ausgschickt ghet hot, kommat wieder bei am zamma. Ond se hend am ällas verzehlt, was se gmacht ond de Leit gsagt
hend. 31 Do hot r na gsagt: Kommat, ihr alloi, an
an abglegana Flecka ond gruabat eich a weng
aus! Weil – do isch wia em ma Taubaschlag zu-

aganga, se hend net amol recht Zeit ghet zom
Essa. 32 Ond so send se em Boot an an abglegana
Flecka gfahra – weg von de Leit. 33 Aber ma hot
se gseha; ond s hot sich iberall romgschwätzt.
Ond z Fuaß vo älle Städt send se do zamma-
gloffa, no vor dia an dem Platz gwä send.

Jesus macht älle satt

34 Ond wia r ausgstiega isch, hot r viele viele Leit
gseha. Do hot am s Herz weh do wega dene,
weil – dia send gwä wia Schof, wo koin Schäfer

hend. Ond er hot drmit agfanga, dene seine Sacha ausananderzlega. [35] Ond wia's no spät worda isch, send seine Jünger komma ond hend am gsagt: Do gfellt's ons net an dem Fleck, ond spät isch's au scho: [36] Sag doch dene Leit jetzt, sia sollat sich auf da Weg macha, en d nächste Derfer ond Hef ganga ond sich ebbas zom Essa kaufa. [37] Er aber hot zu ana gsagt: Gebat ihr dene ebbas zom Essa! Ond se sagat am: Mir sollat ganga, fir zwoihondert Denar Brot kaufa ond dene zom Essa geba? [38] Er aber hot na gsagt: Wiaviel Brot hend r? Guckat noch! Se hend nochguckt ond sagat: Femf Brotkipf ond zwoi

Fisch hemr. [39] Do hot r se ghoißa: Lassat älle en
Gruppa noch Familia auf dr Wies lagra. [40] Ond
se hend sich en Gruppa, emmer hondert oder
fufzg naglegt. [41] Er hot dia femf Brotkipf ond dia
boide Fisch gnomma, seine Auga zom Hemmel
nauf grichtet, hot da Sega gsprocha, dia Brot aus-
ananderbrocha ond se seine Jünger geba, daß se
dia austoilet, au dia boide Fisch. [42] Se hend älle
gessa ond send älle satt worda. [43] Mit de ibrig
bliebene Brocka hend se zwelf Kerb voll
gmacht, au Fisch drbei. [44] Femftausat Leit hend
vo dem Brot gessa ghet.

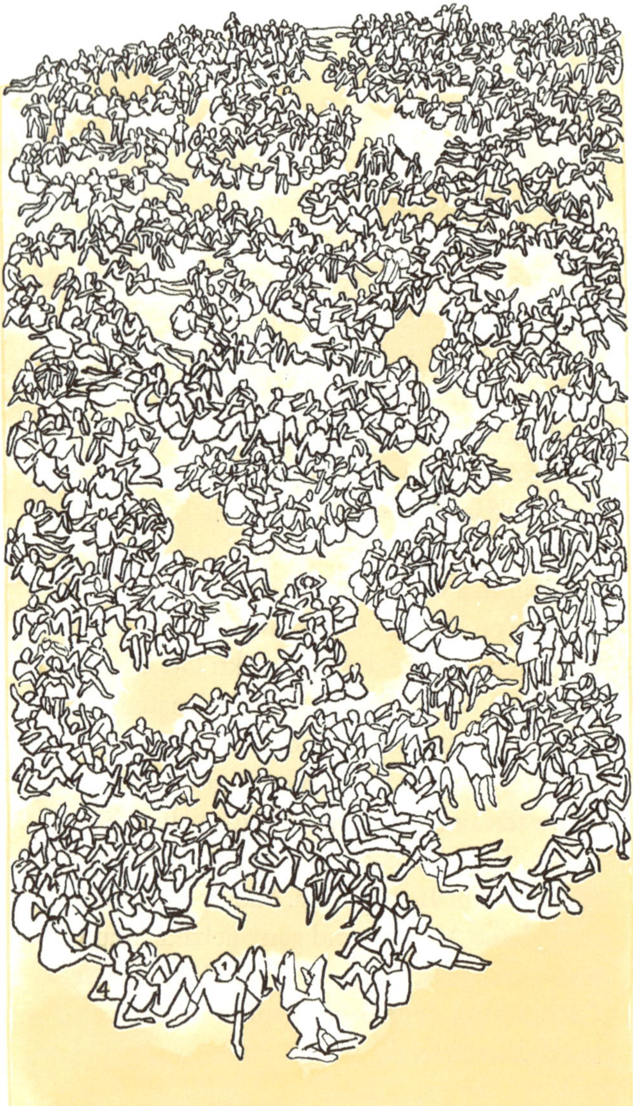

Jesus ond seine Jünger auf am See

[45] Ond glei drnoch hot r seine Jünger Dampf
gmacht, daß se ens Boot neisteigat ond voraus-
fahrat auf d andra Seit vom See noch Betsaida,
drweil schickt r selber d Leit weg. [46] Wia r des
gmacht ghet hot, isch r auf da Berg ond hot
betat. [47] Ond Obend isch worda, wo s Boot no
mitta auf am See gwä isch – ond er no alloi auf
am Land. [48] Wia r sieht, wia se sich mit am
Ruadra abrackrat – a starker Wend isch na em
Gsicht gstanda – isch r so zwischa Dreie ond
Sechse, wo's grad demmert hot, auf am See zua
ana komma. Ond er hot ana vrbeiganga wella.
[49] Wia s en aber do so auf em See hend ane
ganga seha, hot se d Angst packt: Do kommt jo
a Gspenst drher. Ond se hend laut nausgschriea,
[50] weil se n älle gseha hend – ond se send aus
am Heisle grota. Aber do hot r glei mit ana
gschwätzt ond zu ana gsagt: No ruahigs Bluat!
I ben's. Ihr brauchat koine Engst kriaga. [51] Ond
er isch en ihr Boot gstiega, ond dr Wend hot
nochglassa. Aber se send ganz neba dr Kapp
gwä – wia sonst nia. [52] Weil – se hend bei dera
Gschicht mit de Brot nix kapiert mit ihre
bockelharte Herza.

Wer an alangt, den hoilt r

[53] Se send quer iber da See zom andra Ufer
gfahra noch Genesaret ond hend aglegt. [54] Wia
se aus am Boot gstiega send, hend an glei älle
kennt. [55] Ond se send durch d ganza Gegend do
gloffa ond hend älle, wo's schlecht ganga isch,
auf de Bahra herbrocht, wenn se spitz kriagt
hend, wo r isch. [56] Ond wo r au emmer in an
Ort nei isch, en Derfer, Städt oder Hef, hend se
d Kranke auf d Plätz glegt ond am zuagsprocha,
daß r nix drgega hot, wenn se sich an seim Häs
hebat. Ond älle, wo sich dra ghoba hend, send
gsond worda.

Außa ond enna send zwoierloi

7 [1] Ond se send bei am zammakomma, d
Gsetzwächter ond a paar Schriftstudierte vo
Jerusalem. [2] Ond s isch ana aufgfalla, wia a paar
vo seine Jünger mit dreckate, des moint mit
ogwaschene Hend ihr Brot gessa hend. [3] D
Gsetzwächter wia älle Juda essat ja nia ebbas,
wenn se net aus dr hohla Hand hend Wasser
iber d Fenger laufa lassa, weil se sich an da
Brauch von de Alte halta wellat. [4] Au was vom
Markt kommt, essat se erst, wenn se's abgwascha

hend. Ond do gibt's no viel, was se noch ama
alta Brauch eihaltat: Becher, Kriag, Kupfer-
gschirr donkat se ens Wasser ond spialat's. 5 Ond
drom frogat an dia Gsetzwächter ond Schriftstu-
dierte: Warom machat's deine Jünger net, wia's
von de Alte her iberkomma isch ond essat s
Brot mit dreckate Hend? 6 Do hot r na gsagt:
Dr Jesaja hot da Nagel auf da Kopf troffa, wo
iber eich Lugabeitel gsagt hot – ond der isch a
Prophet gwesa: Des Volk macht mr seine Bick-
leng m em Maul, aber enna dren send se weit
vo mr weg. 7 Dia Ehr, wo se mr adont, brengt
nix: Weil dia Weg, wo dia zoigat, Menschaweg
send. 8 Was Gott do drzua sagt, do drnoch
guckat r net, aber wia s friher gwä isch, do dra
hebat r eich. 9 Ond drzua hot r na gsagt: Net og-
schickt machat r des, daß r da Weg, wo eich
Gott zoigt hot, net ganga missat: Ihr haltat oifach
eire alte Breich ei. 10 Weil Mose gsagt hot: Han
an Respekt vor Vater ond Muater! Ond: Wer
Vater oder Muater schandlich tuat, der muaß
sterba! 11 Ihr aber sagat: Wenn oiner zom Vater
oder zur Muater sagt: Oigatom vom Tempel –
des hoißt: am Tempel vermacht isch, was du vo
mr z kriaga hättsch, 12 no braucht der nix meh
fir da Vater oder d Muater do. 13 Ond so hot s
Wort vo Gott koi Macht meh iber eich; eire
Breich, wia r se weitergeba hend, send eich meh
wert. Ond so lauft's bei eich no mit viele andere

Sacha. [14] Ond nomol hot r dia Leit hergruafa
ond hot na gsagt: Ihr älle heerat mr zua ond ka-
pierat's au! [15] Nix, wo vo außa her en da Men-
scha neikommt, ka da Menscha zu ma Schmutz-
fenk macha, bloß was aus am raus kommt, des
macht da Menscha zu ma schmuddliga Kerle.
[16] Wer Ohra hot, wo heerat, der heer zua!
[17] Ond wia r drnoch – weg von de Leit – ens
Haus komma isch, hend an seine Jünger noch
dene Rätsel gfrogt. [18] Ond er sagt na: Au ihr ka-
pierat nix. Goht eich des net ei, daß ällas, was vo
außa en da Menscha neikommt, da Menscha net
zu ma miserabla Kerle macha ka? [19] Weil – was
r ißt, goht net en sei Herz, des goht en da Maga
ond nochher en da Lokus. So hot r ällas, was ma
essa ka, recht und guat ghoißa. [20] Gsagt hot r:
Was aus am Menscha raus kommt, des macht an
osauber. [21] Von enna raus, aus seim Gmiat, kom-

mat älle osaubere Gedanka: Hurerei, Diaberei,
Leit ombrenga, [22] Fremdganga, ällas han wella, d
baise Frevel em Hirn ond em Bauch, ällas hen-
terfotzige Wesa, älla bloß geile Rammelei, am
andra nix genna wella, da andra verlästra, wia a
Neidhammel glotza, sich auf an hoha Gaul setza,
älla Granatadommheit. [23] Ällas des baise Zeig
kommt von enna raus ond macht da Menscha
zu ra miserabla Figur.

Jesus hoilt a Andersgleibiga

[24] Ond aufgstanda isch r ond weg von do en s
Tyruser Gai. Ond wia r en a Haus komma isch,
hot r des neamerd wissa lassa wella. Aber ma
isch halt doch draufkomma. [25] Wia's so passiert,
glei hot a Frau von am gheert; ihr Techterle hot
an oreina Goist ghet. Se isch herkomma ond
isch Jesus vor d Fiaß gfalla. [26] Dia Frau isch aus
am Griechischa gwesa, aus am Syrisch-Phenizi-
scha. Ond se hot an agfleht, er soll den oreina
Goist aus ihra Tochter verjaga. [27] Er sagt ra: Z
erst sollat d oigane Kender satt werda! Do
stemmt ja ebbas net, we ma de oigane Kender s
Brot wegnemmt ond's de Hendla naschmeißt.
[28] Des hot se aber net gelta lassa ond sagt am:
A wa, Meister! Au d Hendla onterm Tisch dont
sich giatlich an de Bresel von de Kender. [29] Do

hotr a gsagt: Des hosch guat gsagt! Desdrwega
gang ond guck – scho isch dr osaubere Goist aus
deinera Tochter rausgfahra. 30 Ond weg isch se
ganga, hoim, s Kend isch auf dr Bettlad glega,
ond dr wiaschte Goist isch scho aus am rausgfahra gewesa.

Se sagat: Jesus macht ällas guat

31 Ond no isch r wieder vom Tyrusgai her an da
See vo Galiläa komma – mitta nei ens Gebiet
von de Zehstädt. 32 Ond se brengat am an Tauba
ond an Halbstomma, ond se redat am zua, er
soll am d Hand auflega. 33 Er hot an weg von de
Leit nebanom gnomma, hot am d Fenger en d
Ohra gsteckt, hot nagspuckt ond sei Zong fest
packt. 34 Hot zom Hemmel nauf guckt ond am
gsagt: Effata! Des hoißt: Gang auf! 35 Ond glei
send am d Ohra aufganga, sei Zong isch lebig
worda, ond er hot ganz normal gschwätzt.
36 Drnoch hot r se vergatterat: Koim weitersaga!
Aber wia r se au vergattarat ghet hot, se hend's
grad no meh iberall romverzehlt. 37 Ond se send
wia aus am Heisle gwä ond hend gsagt: Ällas
hot r guat gmacht: Taube kennat wieder ebbas
heera ond d Stomme wieder schwätza.

Wieder gibt Jesus de Leit zom Essa

8 1 Domols send wieder viele Leit do gwesa,
wo nix zom Essa ghet hend, ond er hot seine
Jünger hergruafa ond zu ana gsagt: 2 Wia mi
jammrat! Drei Täg scho hengat se mer an de
Lippa ond hend nix zom Essa. 3 Ond wenn e se
so hoimschick, brechat se onterwegs zamma; et-
liche dronter hend an weita Weg. 4 Do sagat am
seine Jünger: Woher s Brot nemma, daß dia Leit
satt werdat – do en dera verlassana Gegend? 5 Er
hot se gfrogt: Wia viel Brotkipf hend r? Siebane,
hend se gsagt. 6 Do hoißt r dia Leit: Hockat eich
na. Ond hot dia sieba Brotkipf gnomma, driber
da Sega gsagt, hot se ausananderbrocha ond se
seine Jünger zom Vertoila geba. Ond se hend se
vertoilt. 7 A paar kloine Fisch send au do gwä.
Ond er hot da Sega iber se gsagt ond, se sollat se
de Leit vertoila. 8 Se hend gessa ond send satt
worda. Ond se hend d ibrig bliebane Brocka
zammagsammelt – no sieba Kerb voll. 9 So om
de viertausat Leit send's gwesa. Drnoch hot r se
hoim lassa, 10 isch glei mit seine Jünger ens Boot
gstiega ond en d Gegend von Dalmanuta
komma.

Ihr Gsetzwächter kriagat koine Zoicha

11 Ond d Gesetzwächter send rauskomma ond
hend an Streit mit am azettelt; do drmit hend se
am a Zoicha vom Hemmel abnetiga wella: en a
Fall hend se an locka wella. 12 Do hot r an Seif-
zer do, ond gsagt hot r na: Sotte wia ihr send
ganz rabiat noch ama Zoicha! Aber d Wohrat
isch, ond des sag e eich: Sotte wia ihr kriagat ko-
ine Zoicha. 13 Ond standa lassa hot r se, isch wie-
der eigstiega ond auf d andra Seite gfahra.

Ihr, meine Gsella, kapierats emmer no net

14 Ond do hend se vergessa ghet, Brot mitznem-
ma, bloß oin gozziga Brotkipf hend se em Boot
drbei ghet. 15 Ond er hot ana zoigt, daß ebbas
bei ana happerat: Kapierat's doch: Hiatat eich
vor am Sauertoig von de Gsetzwächter ond am
Sauertoig vom Herodes! 16 Ond se hend sich on-
teranander Gedanka gmacht, daß se koine Brot
ghet hend. 17 Desch am aufgfalla, ond er sagt
ana: Was spekulierat r rom, daß r koine Brot
hend? Emmer no net kapierat r, ond emmer no
net goht's eich auf! Bockelharte Herza hend r!
18 Ond Auga, wo auch scho gar nix sehat, Ohra,
wo nix heerat. Ond ihr bhaltet au nix em Kopf:

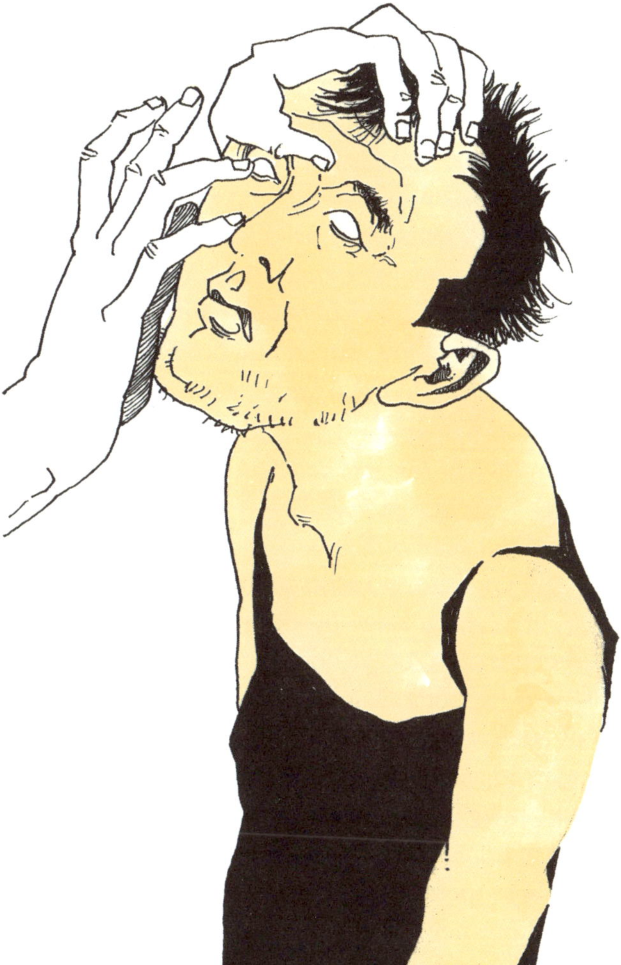

[19] Wo e dia femf Brotkipf fir dia femftausat
brocha han, wia viel Kerb mit ibrige Brocka
hend r no zammabrocht? Zwelf, sagat se. [20] Ond
dia sieba fir dia viertausat – wia viel Kretta mit
Brotbrocka dren, daß se nemma neiganga send,
hend r do no zammabrocht? Sieba, hend se m
gsagt. [21] Ond nomol hot r na gsagt: Hend r s
emmer no net begriffa?

Jesus brengt ama Blenda s Seha bei

[22] So kommat se noch Betsaida. Se brengat am
do an blenda Ma ond redat am zua, daß r n fest
packt. [23] Er hot da Blenda an dr Hand gnomma,
zom Dorf naus gfihrt, hot am en d Auga nei
gspuckt, hot am d Hend aufglegt ond hot an
gfrogt: Siehsch jetzt ebbas? [24] Ond wia r no grad
wieder raufguckt, hot r gsagt: I seh Leit. Wia
Beim seh e se, wo romlaufat. [25] Drnoch hot r
am nomol d Hend auf d Auga glegt, ond do hot
r ällas ganz klar gseha, wia r omananderguckt
hot. Gsond isch r wieder gwesa ond hot ällas
weit naus sonnaklar gseha. [26] Hoim gschickt hot
r n ond gsagt: Gang gar net z erst ens Dorf nei.

Wer ben i fir d Leit ond fir eich

27 Jetzat send se, Jesus ond seine Jünger, naus en
d Derfer om Cäsarea Philippi zoga. Onterwegs
hot r d Jünger gfrogt, er hot na gsagt: Fir wen
haltat mi d Leit? 28 Se hend zu am gsagt: Fir da
Deifer Johannes – andre: fir da Elija – nomol
andre: fir oin von de Propheta. 29 Ond ihr, hot r
se no gfrogt, was sagat ihr iber mi? Dr Petrus
hot agsetzt ond sagt am: Du bisch dr Messias.
30 Do aber hot r se agfahra: Aber au koim sagat r
des vo mir.

I sag eich, was mit mir passiert

31 Drnoch hot r drmit agfanga, ene beizbrenga,
daß des so komma muaß, daß dr Menschasohn
schlemm leidat, daß r bei de Ältaste, bei de
Hohepriester ond de Schriftstudierte aber au gar
nix gilt, daß se an ombrengat ond daß r noch
drei Täg wieder am Leba isch. 32 Ond ganz
ohne ällas Dromrom hot r na des gsagt. Ond dr
Petrus hot an nebanom gnomma ond hot an
agfahra. 33 Er hot sich aber omdreht, hot seine
Jünger gseha ond da Petrus agfahra, hot am
gsagt: Nix do! Henter mi Satan! Du treibsch net,
was am Hemmmelvater gfellt, du hosch
Menschamucka em Kopf.

I sag eich, was Leba hoißt

34 Drnoch hot r mit seine Jünger d Leit zamma-
gruafa ond ana gsagt: Wenn oiner mir noch
mein Weg mitganga will, no muaß r sich loslassa
– ond zu ällam, was an trifft, sei Ja saga ond no
mit mir da Weg ganga! 35 Weil – wenn oiner bei
ällam blooß seine Schäfla ens Trockane brenga
will – no macht r sich selber kaputt. Wer aber
sich selber kaputt macht wega mir ond meine
Weg, der wird sich retta. 36 Weil – was hot oiner
drvo, wenn r d ganza Welt kriagt ond drfir sel-
ber vor d Hond goht. 37 Weil – fir was dät oiner
sei Leba eitauscha? 38 Wem s Gsicht puterrot
alauft wega mir ond dem, was e sag ond a mir
vrbeiguckt von dem Gschlecht, des älle Schwir
bricht, frevelt ond nebanaus goht, an dem guckt
au dr Menschasoh vrbei, wenn r kommt em
Strahlaglanz von seim Vater mit älle hoilige
Engel.

9 1 Ond er hot ana gsagt: So isch's, i sag's eich:
Onter dene, dia do jetzt om ons rom standat,
gibt's oine, dia brauchat da Tod net z schmecka,
bis se s Kenigreich vom Hemmelvater mit äll
seiner Macht hend komma seha.

Jesus isch an ganz anderer gwesa

2 Sechs Täg drnoch nemmt dr Jesus da Petrus, da
Jakobus ond da Johannes mit nauf auf an hoha
Berg – weg von de Leit, ganz alloi send se
gwesa. Do isch r vor andra nemme dr Gleiche
gwesa, a ganz anderer worda. 3 Wia seine Kloi-
der auf oimol glenzt hend, weiß – ond wia, koi
Tuachwalker auf dr Welt se hätt weiß macha
kenna. 4 Ond Elija m em Mose hend sich vor
ana zoigt und hend sich mit am Jesus onterhalte.
5 Do hot's dr Petrus net verheba kenna ond hot
zom Jesus gsagt: Rabbi, was fir a Glick, daß mir
jetzt do so mitanander send! Stellat mr drei Zelt
auf; dir oins, am Mose oins ond am Elija ons.
6 Er hot nemme aus ond ei gwißt, net gwißt, was
r saga sott, weil – d Angst isch en se gfahra.
7 Ond no isch's gschehe: A Wolk hot ihran
Schatta iber se glegt. Ond s isch passiert: a
Stemm aus dr Wolk: Desch mei Soh, den e iber
ällas mag. Auf den heerat! 8 Ond auf oimol, wo
se sich aguckt hend, hend se koin me om sich
rom gseha, bloß no Jesus ganz alloi.

Se hend nemme aus ond ei gwißt

9 Wo se vom Berg ronter send, hot r s ana ei-
gschärft, koim ebbas z verzehla von dem, was se
gseha hend – außer drnoch, wenn dr Menscha-
soh frei vom Tod wieder onter de Lebendige
isch. 10 Ond an dem Wort hend se sich festbissa,
hend mitanander zerft, was des hoißt: frei vom
Tod wieder onter de Lebendige sei. 11 Se hend
an gfrogt ond gsagt: D Schriftstudierte sagat
doch, z erst miaß dr Elija komma? 12 Klar, hot r
na gsagt, kommt dr Elija z erst, ond der brengt
ällas wieder auf d Roih. Bloß – wiaso stoht vom
Menschasoh gschrieba, daß r gottsallmächtig
leida muaß, ond daß r ganz ond gar am End
isch? 13 Aber i sag eich: Au dr Elija isch komma.
Ond se hend mit am gmacht, was se wella hend,
genau so, wia's iber an gschrieba stoht.

Wer mir traut, der ka ällas

14 Wia se zu de andre Jünger komma send, hend
se viele Leit om dia rom gseha, ond Schriftstu-
dierte hend mit ana disputiert. 15 Ond glei, wia
an dia viele Leit gseha hend, isch's na kalt da
Buckel nonter glaufa, se send hergspronga ond
hend am da Friedensgruaß gsagt. 16 Gfrogt hot r

se: Was disputierat r do mit dene? [17] Do drauf
hot am oiner von dene Leit gsagt: Meister, i han
mein Soh zu dr brocht, er hot an stomma Goist,
er ka net schwätza. [18] Ond wo der an packt, do
reißt r an nom ond rom; no hot r Schaum en dr
Gosch, knirscht mit de Zeh ond macht sich
stocksteif. Ond no han e zu deine Jünger gsagt,
se sollat an verjaga, aber se hend's net fertig
brocht. [19] Ond Jesus hot losglegt ond ana gsagt:
Mei, was send ihr bloß fir a Volk! Ihr setzat net
ällas auf mi! Wia lang no muaß e s bei eich aus-
halta, eich verkrafta? Brengat an her! [20] Ond se
hend an zu am herbrocht. Ond wia der Goist
Jesus gseha hot, glei hot r da Soh zamma-
krampft. Den hot's auf da Boda beitelt, Schaum
isch am vor dr Gosch gstanda, rom ond nom hot
r sich gwälzt. [21] Do hot Jesus sein Vater gfrogt:
Hot r des scho lang? Der hot gsagt: Scho als
Bua. [22] Scho oft hot r an ens Feier, ens Wasser
gschmissa, ombrenga hot r en wella. Aber
wenn's du fertig brengsch, hilf ons! Dua ons dia
Liab! [23] Ond Jesus hot am gsagt: Du sagsch:
Wenn e s ka – dem, der obedengt vertraut, isch
ällas meglich. [24] Ond glei hot dr Vater von dem
Bua an Schrei do: I glaub's ja fest! Hilf mr, wenn
no ebbas dra fehlt. [25] Wia aber dr Jesus d Leit
hot zammalaufa seha, hot r da kranka Goist
agfahra ond am gsagt: Du stommer, du
tauber Goist! Fahr aus am raus ond komm jo

nemme! [26] Do hot der gschriea ond wiaschte
Krempf kriagt ond isch drbei rausgfahra. Dr Bua
isch wia tot doglega – ond fast älle hend gsagt:
Jetz isch r gstorba. [27] Jesus aber hot an an dr
Hand gnomma, hot an hochzoga. Ond er isch
aufrecht dogstanda. [28] Drhoim no hend an seine
Jünger, wia se mit am alloi gwä send, gfrogt:
Warom hend mir des net fertig brocht, den raus
z treiba? [29] Ond er hot na gsagt: Dia Sort brengt
ma net raus außer mit Beta.

Tot ond wieder am Leba

[30] Drnoch send se weg von do nach Galiläa zoga,
aber er hot net wella, daß irgendebber do drvo
ebbas z Ohra kriagt. [31] Weil r grad do dra gwä
isch, seine Jünger drauf z brenga, daß se
s kapierat: Da Menschasoh liefrat ma en
Menschahend aus. Sie brengat an om. Ond
wenn s en ombrocht hend, isch r drei Täg
drnoch wieder onter de Lebendige. [32] Des hend
se net kapiert ond an Bammel ghet, drnoch z
froga.

Groß ond Kloi

33 Ond se send auf Kafarnaom niber komma. Em
Haus no hot r se gfrogt: Wa hend r onterwegs
so bei eich denkt? 34 Se hend nix gsagt, weil – se
hend's auf am Weg do driber ghet, wer von ana
dr Grescht isch. 35 Ond er hot sich nagsetzt, älle
Zwelf zammagruafa ond zu ana gsagt: Wenn
oiner dr Erste sei will, braucht r bloß dr Letzte
von älle sei – ond dr Knecht von älle. 36 Ond er
hot a Kend hergholt, hot's mittanei onter se
gstellt, en da Arm gnomma ond zu ana gsagt:
37 Wer so a Kend e meim Nama zua sich
nemmt, der nemmt mi zua sich. Ond wer mi
zua sich nemmt, der nemmt net mi zua sich,
der nemmt den zua sich, wo mi gschickt hot.

A Fremder, wo d baise Goister austreibt

38 Johannes hot am do gsagt: Meister, mir hend
oin gseha, wo en deim Nama baise Goister aus-
treibt, ond mr hend an drvo abhalta wella, weil
r net mit ons goht. 39 Do hot aber Jesus gsagt:
Haltat an net drvo ab! S gibt ja koin, wo so
obendige Sacha auf mein Nama macht ond
drnoch mi rontermacha kennt. 40 Ja, so isch: Wer
net gega ons isch, der isch fir ons. 41 Weil: Wer
eich an Becher Wasser zom Trenka gibt, desdr-

wega, weil ihr zom Messias gheerat, so isch, i sag's eich, der macht des net fir nix.

Leb dein ennera Menscha

[42] Ond: Wer so jemand, wo mir ällas zuatraut, so a kloins Kend, a Ärgernis ischt, dem dät ma besser an Mihlstoi om da Hals henga ond an ens Meer schmeissa. [43] Ond wenn de dei Hand ärgert: Hau se ab! Besser, du gohsch als a Krippel

ens Leba ei, als wenn da mit boide Hend en d
Hell fehrsch, ens Feier, wo koiner lescht. 44 Wo
en ällam dr Wurm dren hockt ond ällas oi
Feierbrand isch. 45 Ond wenn de dei Fuaß
ärgert: Hau an ab! Besser, du gohsch knappat
ens Leba ei, als daß da mit boide Fiaß en de
Hellagluat gschmissa wirsch. 46 Wo en ällam dr
Wurm dren hockt, ond ällas oi Hellabrand isch.
47 Ond wenn dei Aug de ärgert: reiß s raus! Bes-
ser, wenn d mit oim Aug ens Kenigreich vom
Gott-Vater kommsch, als daß da mit boide Auga
en d Hellagluat gschmissa wirsch; 48 wo dr
Wurm net stirbt ond ällas oi Hellabrand isch.
49 Weil – so isch's! A jeder wird mit Feier gsalza.
50 S Salz isch ebbas Guats. Bloß – wenn's Salz
osalzig wird, mit was willsch's wieder salzig ma-
cha? Salz miaßat r sei! Ond: Haltat ontranander
zamma.

Was dr Herrgott zamma do hot

10 1 Ond er stoht auf, macht sich auf da Weg
ond kommt noch Judäa auf d andra Seite
vom Jordanfluß. Ond wia iberall send Riesa-
schara bei am zammagloffa, ond er hot na wia
emmer seine neie Weg aufzoigt. 2 Ond dia
Gsetzwächter send zua am komma ond hend
am henterfotzige Froga gstellt: Derf dr Ma sei

Frau wegschicka, sich scheida lassa? 3 Ond er hot
agsetzt ond ana gsagt: Was hot eich Mose ghoi-
ßa? 4 Se hend am gsagt: Mose hot's zuaglassa,
daß r an Trennongsbriaf schreibt ond se weg-
schickt. 5 Aber Jesus hot na gsagt: Wega eire bo-
ckelharte Herza hot r eich des so aufgschrieba,
6 Bloß – vo ällam Afang hot Gott da Menscha als
Ma ond Frau gschaffa. 7 Desdrwega goht dr Ma
weg vo seim Vater ond seinera Muater ond ka
sei Frau nemme lassa. 8 Ond se werdat zwoi en
oim Floisch. Se send drom nemme zwoi, noi oi
Floisch. 9 Was aber dr Herr-Gott zamma do hot,
des derf dr Mensch net ausananderreißa. 10 Ond
drhoim no hend an seine Jünger nomol drnoch
gfrogt: 11 Ond er hot ana gsagt: Wer vo seinera

Frau weggoht ond a andera nemmt, der bricht
ra d Eh. 12 Goht aber sia von am weg ond
nemmt an andra, no bricht sia d Eh.

Nemmat s Reich vom Gott-Vater wia a Kend

13 Ond se hend am Kender brocht, daß r se liab
druckt, seine Jünger aber hend dia, wo se brocht
hend, wiascht agfahra. 14 Jesus hot des mit
aguckt, ond s isch am zwider gwesa, ond er hot
ana gsagt: Lassat dia Kender zu mr komma ond
haltat se net vo mr ab. Sotte gheert s Reich vom
Gott-Vater. 15 So isch des, i sag's eich: Wer net s
Reich vom Gott-Vater wia a Kend anemmt, der
kommt net nei. 16 Ond er hot se en da Arm
gnomma, hot d Hend auf se glegt ond na sein
Sega geba.

Dr Schatz em Hemmel

17 Wia r nausganga isch, isch oiner drhergspron-
ga, vor am naknuialat ond hot an gfrogt: Guater
Meister, was soll e do, daß e s ewig Leba erb?
18 Jesus hot am gsagt: Wia kasch du mi guat
hoißa? Koiner isch guat, bloß oiner: Gott: 19 Du
woisch, was da muasch: Breng koin om; han nix
mitandre Fraua; laß nix mitlaufa; sei koi Luga-

beitel; reiber koin aus; han an gheeriga Respekt
vor deim Vater, vor deiner Muater! [20] Der aber
hot am gsagt: Des ällas han e vo kloi a do. [21] Do
hot am Jesus en d Auga guckt, liab isch r am
worda, ond er hot am gsagt: An oim happert's
no. Gang hoim, verkauf ällas, was da hosch, gib
da Zaster de Arme! No hosch an Schatz em
Hemmel. Ond auf, gang mit mr! [22] Dem isch
ganz duster ond zwoierloi worda, wo r des
gheert hot, ond ganz triabsennig isch r weg; weil
r viel Sach ghet hot. [23] Ond Jesus hot sich em
Krois omguckt ond zu seine Jünger gsagt: Wia
schwer hend's doch dia, wo viel Sach hend, daß
se Gott ällas iberlassat! [24] Seine Jünger aber, wia
se des gheert hend, send zammagfahra. Ond no-
mol hot Jesus drmit agfanga ond ena gsagt: Ken-

der, des isch koi leichta Sach, ens Hemmelreich
z komma. [26] Se send dodrwega ganz versteert
gwesa ond hend zuanander gsagt: Wer ka do no
grettat werda? [27] Jesus guckt se a ond sagt: Bei
de Menscha – omeglich, bei Gott aber net. Bei
Gott isch ällas meglich. [28] Do hot dr Petrus
agfanga: Mir do, wia mr dostandat! Mir hend
ällas fahra lassa ond send dir noch. [29] Jesus sagt:
Ihr hend recht, des sag e eich: Koiner, wo henter
sich glassa hot sei Haus, d Briader oder Schwes-
tra oder d Muater oder da Vater oder d Kender
oder seine Äcker wega mir ond dem, was i vom
echta Leba gsagt han, [30] der net drnoch en seim
Leba hondertmol meh kriagt hätt: Heiser ond
Briader ond Schwestra ond Miater ond Kender
ond Äcker – au wenn s an jagat; ond en dr neia

Welt: s Leba, wo nia aufheert. 31 Ganz em
Gegatoil: Viele, wo vorna dra send, send no
henta dra, ond dia von henta, send vorna.

Dr Menschasoh isch wieder onter de Lebige

32 Se send onterwegs gwä, nauf noch Jerusalem,
Jesus isch voraus ganga. Dr kalte Schrecka hot se
packt; Angst hend se ghet, wia se henter am drei
send. Ond wieder hot r dia Zwelf zu sich herg-
holt ond hot drmit agfanga, ene z saga, was mit
am passiert: 33 Ja, mir ziahat jetzt noch Jerusalem
nauf. Ond dr Menschasoh grotat en d Hend von
de Hohepriester ond Schriftstudierte. Se verhen-
gat d Todesstrof iber an ond liefrat an aus an d
Ogleibige. 34 Dia treibat mit am s Michale, geif-
rat am ens Gsicht, peitschat an aus ond brengat
an om. Aber noch drei Täg isch r wieder onter
de Lebige.

Von de vordere Plätz

35 Dr Jakobus ond dr Johannes, am Zebedäus
seine Seh, kommat no zu am ond sagat am:
Meister, mir hend a Bitt, gib ra noch: 36 Er hot
na gsagt: Was soll i fir eich do? 37 Se hend zu am
gsagt: Mir mechtat gern en deim Reich, wo ällas

oi Wonder isch, lenks ond rechts von dr hocka.
38 Jesus hot na gsagt: Ihr wissat net, was r do
wellat. Kennat ihr den Becher austrenka, den i
trenk, oder eich en dia Dauf nonterdonka lassa,
en dia ma mi nonterdonkt? 39 Se hend gsagt:
Des kennat mir. Jesus aber hot na gsagt: Da Be-
cher, den i trenk, trenkat r au ond en dia Dauf
lassat r eich nonterdonka, en dia i nonterdonkt
werd. 40 Aber des mit dem rechts oder lenks vo
mir hocka, des han i net z vergeba. Desch fir dia,
fir dia's vorgseha isch. 41 Wo dia Zeah des gheert
hend, hend se sich gottsallmächtig aufgregt iber
da Jakobus ond da Johannes. 42 Jesus ruaft se her
ond sagt ana: Ihr wissat, dia große Firsta ond
Herra en dr Welt duckat d Leit nonter ond las-
sat se spira, daß se nix zom Saga hend. 43 So aber
isch des doch net bei eich! Noi: Wer bei eich
groß sei will, der soll eier Knecht sei. 44 Ond dr
Erste onter eich, der muaß dr Knecht fir älle sei.
45 Weil dr Menschasoh au net do drfir komma
isch, daß ma ebbas fir an duat, noi, er mecht fir
da andra ebbas do ond sei Leba fir älle als
Lesgeld en d Schanz schlaga.

[46] No send se auf Jericho komma. Wia r mit
seine Jünger ond zemlich viel Leit wieder vo
Jericho fort isch, isch am Weg dr Soh vom
Timäus, dr Bartimäus, a blender Bettler, ghockt.
[47] Ond wia r gheert hot, des isch dr Jesus vo Na-
zaret, hot r s Schreia agfanga ond gruafa: Jesus,
Davidsoh, han Erbarma mit mir! [48] Do hend an
viele wiascht agfahra: Halt dei Gosch! Der hot
aber bloß no lauter gschriea: Du, am David sei
Soh, han Erbarma mit mir! [49] Do isch Jesus
standa blieba ond hot gsagt: Ruafat an her! Ond
se ruafat da Blenda ond sagat am: Trau de! Los,
er hot de gruafa! [50] Do hot der sein Mantel
weggschmissa, isch hoch, auf an losgspronga,
ond scho isch r bei am gwesa. [51] Ond Jesus hot
am Antwort geba: Was mechtasch, was soll e fir
de do? Dr Blende aber sagt am: Du, liaber Meis-
ter, i mecht, daß e wieder ebbas seh. [52] Do sagt
am Jesus: Auf, gang – daß da mr des zuatrausch,
hot de gsond gmacht. Ond er hot wieder gseha
ond isch Jesus auf seim Weg noch.

Dr Kenig reitat auf ma Esel ei

11 [1] Ond wia se näher auf Jerusalem zua-
komma send, en Richtung auf Bethphage
ond Bethania am Eelberg, schickt r zwoi von
seine Jünger voraus [2] ond sagt ana: Gangat en
des Dorf grad gegabniber, nd glei, wenn r nei-
kommat, fendat r a jongs Esale, wo abonda isch
– auf dem isch no koiner gritta. Machat's los,
brengat's her. [3] Ond kommt oiner ond sagt: Wa
machat r do? No sagat: Onser Herr braucht's, er
brengt's glei wieder zruck. [4] Se send wegganga,
hend des Esale gfonda, abonda am Tor, draußa
am Weg, ond se bendat's los. [5] Ond Leit, wo do
romgstanda send, hend ana gsagt: Was soll des,
daß r des Esale losbendat? [6] Ond se hend mit
ana gschwätzt, wia r s na gsagt hot. Ond se send
zfrieda gwä. [7] So brengat se Jesus des Esale, legat
ihre Mentel driber, ond er setzt sich drauf.
[8] Ond a Haufa Leit hend ihre Mentel iber da
Weg glegt, andere: Buschel Gras von de Wiesa.
[9] Ond dia vorna ond dia henta, älle hend se
gschriea: Hosanna! Mir feirat den, der do
kommt em Nama von onseram Kenig David!
[10] Hoch leba soll d Herrschaft, dia kommt vom
David, onserem Vater! S Hemmelreich isch do,
Hosanna! [11] So isch r en Jerusalem en da Tempel
eizoga, hot an sich genau aguckt, ond drnoch, s

isch spät worda, isch r mit de Zwelf noch
Betania naus.

Verfluachter Feigabaum

12 Ond am Tag drauf, wia se vo Betania her-
komma send, hot's an ghongrat. 13 Scho vo
weitam hot r an Feigabaum gseha voll mit Blät-
ter, isch zu am na, hot nix wia Blätter gfonda – s
isch ja net Feigazeit gwä. 14 Do ht r den agfahra:
Nia meh, nemme en älle Ewigkeit soll oiner vo
dir a Frucht essa! Seine Jünger hend's heera
kenna.

Se treibet Gschäfter em Tempel

15 Ond se send noch Jerusalem komma. Wia r
en da Tempel eizoga isch, hot r drmit agfanga,
dia Hendler ond d Leit, wo ebbas hend kaufa
wella, nausztreiba. D Tisch vo de Wechsler, d
Stiahl vo de Taubahendler hot r omgschmissa.
16 Ond er hot's net zuaglassa, daß au bloß oiner
irgend a Sach durch da Tempel hot traga.
17 Drnoch hot r d Schrift ausglegt ond ana gsagt:
Stoht's do net dren: Mei Haus soll hoißa a Haus
zom Beta fir älle Velker. Ihr aber hend's zu ra
Reiberhehl gmacht. 18 D Hohepriester ond d

Schriftstudierte hend do drvo an Merks kriagt
ond hend senniert, wia se n aus am Weg reima
kenntat. Weil se an Bammel vor am ghet hend,
hot doch des, was r gsagt hot, älle packt. [19] Wo's
no spät wora isch, send se naus aus dr Stadt.

Bauat felsafest auf da Vater em Hemmel

[20] Ond wia se en äller Herrgottsfriah do wieder
vrbeikomma send, hend se da Feigabaum gseha:
bis nonter zu de Wurzla verdorrat. [22] Ond Jesus
sagt drauf: Trauat Gott ällas zua! [23] S isch nem-
lich so, i sag's eich: Wenn oiner zu dem Berg
sagt: Ruck weg ond versenk de ens Meer, aber
au koi Dudanierle Zweifel dra hot, gwiß isch,
daß es gschiet, was r sagt, no passiert's. [24] Desdr-
wega sag e eich: Ällas, wo r drom betat, was r
han mechtat – hend Vertraua, daß r s kriagat, no
passiert's. [25] Ond wenn r eich zom Beta nastellat,
no lassat fahra, was r gega an andra hend, daß
eier Vater em Hemmel des au mit eich duat.
[26] Wenn r aber auf de andre ihr schlemms Zeig
stierat, guckt eier Vater em Hemmel au auf eier
schlemms Zeig.

Der leßt sich net aufs Kreiz lega

27 So send se wieder auf Jerusalem komma. Wia
r em Tempel romgoht, laufat d Hohepriester,
d Schriftstudierte ond dia vom Ältastarat auf an
zua. 28 Ond se hend am gsagt: Mit was fir am
Recht duasch du, was da duasch? 29 Jesus sagt
ana drauf: I frog eich bloß ois. Wenn r mr do
drauf a Antwort gebat, sag i eich au, mit was fir
ama Recht i dua, was e dua. 30 Daß dr Johannes
tauft hot, isch des a hemmlischs oder a
Menschawerk gwesa? Sagat's mr! 31 Do hend se
romgriablat: Sagat mr „a hemmlischs“, sagt r
drgega: Worom hend r dann net ällas auf an
gsetzt? 32 Sagat mr „a Menschawerk“, no hend se
an Bammel vor de Leit, weil älle da Johannes fir
an Propheta ghalta hend. 33 Ond so hend se am
gsagt: Des wissat mr net. Ond Jesus sagt ana
drauf: No sag e eich au net, mit was fir ama
Recht i dua, was e dua.

Des Lompagsendel vo Wengerter

12 1 Jetzt hot r wieder drmit agfanga, am Volk
en Bilder z zoiga, was r moint: S hot oiner
an Wengert aglegt mi ma Zau drom rom, a Kel-
ter graba, au an Turm baut. Drnoch hot r den

Wengert ama Wengerter en Pacht geba ond isch
außer Land zoga. 2 Ond om d Erntezeit hot r an
Knecht zu de Wengerter gschickt, er soll Trauba
bei ana hola. 3 Dia Wengerter hend an packt,
zammagschlaga ond ohne ällas weggschickt.
4 Dem, wo dr Wengert gheert, der hot an andra
Knecht zu dene gschickt, den hend se auf da
Schädel ghaua ond elend vermebelt. 5 Nomol
oin hot r gschickt, den hend se ombrocht. 6 Oin
hot r no ghet, sein Soh, wo r iber ällas hot
meega, Den hot r z allerletztscht nagschickt,
weil r sich gsagt hot: Vor meim Soh hend se an
Appell. 7 Dia Baura aber hend's mitananander ver-
kuttlat: Desch dr Erb – auf, weg mit am – ond
ällas gheert ons! 8 Se hend an packt, hend am da
Garaus gmacht ond an aus am Wengert nausg-
schmissa. 9 Wa macht jetzat der, dem dr
Wengert gheert? Der kommt, brengt dia Baura
om ond gibt sein Wengert andre. 10 Ihr kennat
doch des Wort en dr Schrift: Den Stoi, wo d
Bauherra wegschaffa hend lassa, der isch zom
Eckstoi worda. 11 Desch vom Herrgott komma,
ond mir kennat bloß Baukletzla stauna. 12 Ond
se hend an packa wella. Aber se hend a Hem-
melangst vor de Leit ghet: weil dia s gspannt
hend, daß des Bild auf sia isch gmenzt gwesa.
Ond se hend an standa lassa.

En dr Zwickmihl

[13] Ond se hend oine von de Gsetzwächter ond
von de Parteigenger vom Herodes zu am
gschickt, daß s an aufs Glatteis fihrat. [14] Se kom-
mat ond sagat am: Meister, mir wissat, du liagsch
net, bisch gradraus, frisch von dr Leber ond re-
dasch koim noch am Maul, gucksch net auf de
Leit ihre Gsichter, lehrsch noch dr Wohrat da
Weg, wo dr Hergott moint. Derf ma am Kaiser
Steira zahla – oder net? Sollat mir zahla oder
net? [15] Er hot aber gspannt, wia scheihoilig se
send ond hot ana gsagt: Ha, ihr wellat me dra
kriaga? Brengat mr a Geldstuck her ond mir
guckat! [16] Se hend ois brocht. Ond er hot ana
gsagt: Wen sehat ihr do, ond was stoht drauf?

Da Kaiser, sagat se am. 17 Ond Jesus hot na
gsagt: Was am Kaiser gheert, zahlat am Kaiser,
ond am Herrgott zahlat, was am Herrgott
gheert. Ond se send ganz platt gwä.

Hochzig, des gibt's em Hemmel net

18 Jetzt kommat Sadduzäer zu am. Dia behaup-
tet, daß ma noch am Tod weiterlebt, des gibt's
net. Ond se frogat an ond sagat am: 19 Meister,
Mose hot ons ghoißa: Wenn oim dr Bruader
stirbt und leßt sei Frau zruck, aber koine
Kender, no soll sei Bruader dia Witfrau nemma
ond seim Bruader Nochwuchs schaffa. 20 S send
amol sieba Briader gwesa. Dr Erst hot gheiert.
Ond wo r gstorba isch, send koine Kender do
gwesa. 21 Dr Zwoite hot se zr Frau gnomma,
isch gstorba ond hot koine Kender ghet. Mem
Dritta isch s Gleiche gwesa. 22 Ond so hend älle
sieba koine Kender ghet. Z guaterletzscht isch
au d Frau gstorba. 23 Bei dr Auferstehung, wenn
se älle wieder lebat, wem sei Frau isch se no?
Älle sieba hend se ja als Frau ghet. 24 Drauf hot
ana Jesus gsagt: Ihr gangat schwer fehl, weil r
koi Ahnong von dr Schrift hend ond au net von
Gott, was r ka. 25 Wenn dia von de Tote aufstan-
dat, heiratet se net ond werdat net gheiert, se
send wia de Engel em Hemmel. 26 Daß aber d

Tote wieder lebat, hend r des net em Mose seim
Buach glesa, wia am dr Herrgott am brennenda
Dornbusch gsagt hot: I ben am Abraham, am
Isaak ond am Jakob sei Gott. [27] Koi Gott von
Tote isch der, noi von de Lebige. Do liegat r
aber scho arg drneba.

Zu älle liab sei

[28] Ond oiner von dene Schriftstudierte, wo sich
drneba na gstellt ghet hot, ihram Diskutiera zua-
gheert ond s mitkriagt hot, wia akkurat r rea-
giert hot, hot an gfrogt: Was fir a Weisong fir s
Leba isch d wichtigsta? [29] Jesus hot am als Ant-
wort gsagt: d ersta isch: Israel heer zua, dr Herr-
gott, onser Gott, isch dr oinzige Herr. [30] Ond –
den muasch mit Herz ond Seel, mit ällam, was d
bisch meega, mit älle deine Kräft. [31] A zwoita
hoißt: Han dein Menschabruader, dei Menscha-
schwester so liab wia di selber! A greßera Wei-
song gibt's net. [32] Ond dr Schriftstudierte hot am
gsagt: Stemmt, Meister, guat hosch's gsagt, wia s
isch. Er alloi isch's, ond koin gozziga andra gibt's.
[33] Ond den m em ganza Herz liab han, mit
ällam, was da senniersch, mit ällam, was kaasch.
Ond: da Nebamenscha genau so liab han wia di.
– Des zehlt meh wia älle Opfer, wia se au hoi-
ßet. [34] Wia Jesus gmerkt hot, der hot des mit

seim ganza Menscha begriffa, hot r am gsagt: Du bisch ganz na dra am Herrgott seim Hemmelreich. Do hot sich koiner meh traut, d Gosch aufzmacha.

Guckat net noch de Schriftstudierte

35 Ond Jesus hot em Tempel glehrt: Wiaso sagat
dia Schriftstudierte, dr Messias isch am David sei
Soh? 36 Dr David selber hot gsagt, dr Geist hot
an trieba: Dr Herr hot zu meim Herra gsagt:
Hock de rechts neba me na, bis e dia, wo gega
de send, dir vor d Fiaß leg. 37 Dr David selber
hoißt an „Herr“ – wiaso isch r no sei „Soh“?
Ond viele hend seine Gschichta gern gheert.
38 Ond so hot r ana beibringa wella: Guckat net
noch de Schriftstudierte, wo en de Talar romlau-
fat ond sich auf am Markt groß zoigat, daß ma
na schee duat, 39 dia en dr Kirch emmer en de
vordere Roiha hockat ond beim Festessa d beste
Plätz hend, 40 wo de Witwa ihr Heisle abluchsat
ond so dont, wia wenn se an oim Stick betat
ond betat – dia miassat da schlemmsta Schuld-
spruch heera.

Dia Witwe hot älles hergeba

41 Grad geganiber vom Opferkasta isch r gsessa
ond hot zuaguckt, wia d Leit Geldsticker
neigschmissa hend. Ond viele Reiche hend viel
nei. 42 Au a arma Witwe isch komma, hot zwoi
wenzige Geldstickla nei do. 43 Do hot r seine
Jünger hergruafa ond ana gsagt: So isch's, i sag's
eich: Dia Witwe hot meh geba wia älle, wo en
da Opferkasta ebbas neigschmissa hend. 44 Weil
– älle hend vo ihrem Ibergnuag ebbas hergeba,
dia aber hot ällas, was se hot, aus ihra Armselig-
keit hergeba.

A Tempel aus Stoi – a Seifablos

13 1 Wia r aus am Tempel nausganga isch, sagt
am oiner vo seine Jünger: Meister, guck,
was fir Stoi! Was fir a Bau! 2 Jesus aber sagt am:
Guck's a, des mächtige Bauwerk! Ond koi Stoi
bleibt auf am andra, ällas wird zammaghaua.

Schlemme Wehtäg kommat

3 Ond wia se geganiber vom Tempel auf am Eel-
berg zammagsessa send, dr Petrus, Jakobus, Jo-

hannes ond dr Andreas, alloi mit Jesus, hend se
an gfrogt: 4 Ons sag's, wann passiert des? Ond an
was merkat mr, daß des so ausgoht? 5 Ond Jesus
hot's na erklärt: Passat auf, daß eich koiner auf
an Holzweg fihrt! 6 S kommat viele, versteckat

sich henter meim Nama ond sagat eich: I ben's!
Ond dia fihrat viele auf Holzweg. 7 Wenn r aber
von Kriag ond Kriagsgschroi herrat, lassat eich
do driber koine graue Hoor wachsa! Des muaß
sei. Aber do drmit isch's no net verbei. 8 Weil –
oi Volk stoht gega s andre Volk auf, oi Reich
gega s andre. Erdbeba gibt's an älle Ecka ond
Enda; Hongersnot isch: des isch bloß dr Afang
von dene Wehtäg. 9 Ihr aber machat eich drauf
gfaßt! Se liefrat eich an Hohe Rät aus, en dr
Synagog peitschat se eich aus, ma holt eich vor
Präsidenta ond Kenig – wega mir – daß r saga
kennat: mir gheerat zu am.

Auf eich hend se an Hellahaß

10 Aber zerscht muaß älle Velker s Guate Wort
brocht werda. 11 Ond wenn se eich wegschloifat
ond de Henker ausliafrat: Machat eich net scho
drvor da Kopf schei wega dem, was r saga sollat.
Sagat oifach dees, was eich eifellt, Weil des net
ihr send, wo des sagat, desch dr Geist vo oba.
12 Do standat gegranander auf ond wenschat sich
dr Tod dr Vater gega sei Kend, d Kender gega d
Eltra ond wellat anandr ombrenga. 13 Ond älle
hend an Hellahaß auf eich – wega mir. Aber dia,
wo's durchstandat bis zom Schluß, dia send gret-
tat.

14 Aber glei, wenn r dia Schand, dia Greieltata
am Tempel sehat, des dirft net sei! – wer's liest,
kapiert's – no sollat dia en Judäa schnell ens
Gebirge. 15 Wer auf am Dach stoht, soll droba
bleiba, gangat net nonter ens Haus, no ebbas z
hole. 16 Ond der auf am Acker soll net hoim,
sein Kittel hola. 17 Ach ond Weh aber dene, wo
a Kend em Leib tragat ond dene, dia am d Brust
gebat, en dene Täg! 18 Betat, daß des ällas net en
da Wenter fellt. 19 Weil – so an Jammer wia an
dene Täg hot's no nia geba bis heit, seit's d Welt
gibt, wo dr Herrgott gschaffa hot, ond sotte Täg
kommat en älle Ewigkeit nemme. 20 Ond wenn
dr Herr dia Täg net abkirzt hätt, koiner wär
drvo komma. Aber wega dene, wo r sich bson-
ders an Herz gnomma hot, hot r a paar weniger
sotte Täg gmacht. 21 Ond wenn no oiner eich
sagt: Guck! Do! Do isch dr Messias! Do driba! –
Trauat am net! 22 Weil – Lugamessias ond Luga-
propheta tauchat auf, ond se brengat au amol
Zoicha ond Wonder zweg ond dätat drmit –
wenn's ganga dät – sogar di, wo zu mr gheerat,
verfihra. 23 Ihr aber passat auf. I han's eich em
vornarei gsagt. 24 Aber en dene Täg noch all
dem Jammer wird d Sonn rabaschwarz, koi
Mond scheint meh, 25 d Stern haut's vom Hem-

BEN
DR WEG

mel, ond ällas, was da Hemmel zammahelt, isch
aus Rand und Band. 26 Ond no sehat se da Men-
schasoh, en de Wolka kommt r ond isch oi Kraft
ond Herrlichkeit. 27 Seine Engel schickt r jetzt
aus ond sammlat seine Freind ei aus älle vier
Wend, von der Erda- zur Hemmelgrenz.
28 Vom Feigabaum lernat, was r eich zoigt:
Wenn da seine Äst biaga kaasch, se Saft hend
ond Blätter treibat, no wissat r, dr Sommer
kommt. 29 So isch au do: Wenn des ällas passiert,
merkat r, jetzt glei stoht r am Tor. 30 Ja, so isch's,
i sag's eich: Des Gschlecht lebt no, bis des ällas
passiert. 31 Dr Hemmel ond d Welt gangat z
Grond, aber was i gsagt han, des helt. 32 Wann
des passiert, da Tag ond d Stond, woiß koiner.
Au net d Engel em Hemmel. Au dr Soh net.
Bloß dr Vater. 35 Passat auf! Bleibat hellwach.
Weil r net wissat, wann dr Hausherr wieder
kommt – obads oder om Mitternacht, wenn dr
Gockel schreit oder friah am Morga. 36 Net daß
r auf oimol do isch – ond ihr schlofat! 37 Was e
eich aber sag, sag e älle: Bleibat hellwach!

Wia schaffat mr den aus dr Welt

14 1 Zwoi Täg drauf isch s Passafest gwesa
ond s Fest von de ogseierte Brot. Ond d
Hohepriester ond d Schriftstudierte hend driber

senniert, wia s an hentarom packa ond aus dr Welt schaffa kenntat. 2 Desch na klär gwä: Bloß net am Fest, do dät's em Volk an scheena Aufruhr geba.

Nausgschmissas Geld

3 Wia r no en Betania gwesa isch, em Haus vom
Simon, wo da Aussatz ghet hot, do isch – wo se
beim Essa glega send – a Frau komma me ma
Alabasterfläschle voll mi ma erstklassiga wahn-
sennig teira Nardasalbeel. Se hot s Fläschle auf-
brocha ond's iber sein Kopf gossa. 4 A paar hend
do gsagt: Wia ka ma so ebbas do, desch mr a
scheener Luxus, nausgschmissas Geld! 5 Des Sal-
beel hätt ma glatt verkaufa kenna fir an Haufa
Geld, des Geld de Arme geba kenna. Ond se
hend dia Frau wiascht agfahra. 6 Jesus aber hot
gsagt: Lassat dia Frau en Ruah! Warom machat r
dera a schlechts Gwissa? Se hot mir ebbas Liabs
do wella. 7 Arme hend r ällaweil onter eich ond
kennat ena Guats do, so viel r wellat. Mi aber
hend r net ällaweil. 8 Was se hot do kenna, hot
se do. Scho em voraus hot se mein Leib fir d
Beerdigong eigsalbt. 9 So isch's, ond i sag eich:
Iberall auf dr ganza Welt, wo mei guats Wort
nakommt, denkt ma an dia Frau ond verzehlt,
was se do hot.

Was fir a armer Teifel isch dr Judas gwä

10 Aber oiner von de Zwelf, dr Judas Iskariot,
isch zu de Oberpriester ganga, hot na gsagt: Ihr

sollat an kriaga. 11 Wia dia sich gfreit hend. Ond
se hend am versprocha, am do drfir scho a paar
Moneta sprenga z lassa. Ond er iberlegt sich's,
wia s en am oifachsta kriaga kenntat.

Da Saal herrichta fir s Paschamahl

12 Am erste Feiertag von de ogseierte Brot, wo
ma s Paschalamm gschlachtet hot, sagat am seine
Jünger: Wo gangat mr na, daß mr mitanander
s Osterlamm essat? 13 Ond er schickt zwoi vo
seine Jünger weg ond sagt ana: Gangat en d
Stadt, do treffat r oin mi ma Wasserkruag; dem
gangat noch. 14 Ond wo der neigoht, do sagat
am Hausherra: Dr Meister sagt: Hosch du an
Saal, wo e mit meine Jünger s Pascha essa ka?
15 Der zoigt eich em obera Stock an großa Saal
mit polsterte Benk, ällas fix ond fertig. Do rich-
tet ällas her. 16 Seine Jünger send weg en d Stadt.
Ond se hend ällas so gfonda, wia r s gsagt ghet
hot. Ond se hend s Pascha hergrichtat.

Mei Floisch, mei Bluat – Mr gheerat zamma

17 Wia's donkel worda isch, kommt r mit de
Zwelf. 18 Wia se grad beim Essa glega send, hot
Jesus gsagt: So isch's, i sag eich: Oiner vo eich

verrotat me, oiner, wo jetzt mit mr ißt. 19 Do
isch's na ganz zwoierloi worda, ond se hend am
gsagt, oiner noch am andra: Aber doch net i?
20 Er aber sagt ana: Oiner vo eich Zwelf, wo mit
mr aus dr gleicha Schissl ißt. 21 Dr Menschasoh
muaß freilich sein Weg ganga, wia s d Schrift
sagt. Aber Gnad Gott dem, der's nabrengt, saß se
an packa kennat. Der wär besser net auf d Welt
komma – der Mensch. 22 Ond beim Essa hot r a
Scheib Mazzabrot gnomma, da Sega gsagt, hot's
ausananderbrocha, jedam em Krois a Stuck drvo
geba ond gsagt: Nemmat's! Des ben i. 23 Ond er
hot an Becher gnomma, da Sega gsagt ond se
älle trenka lassa. 24 Ond er hot ana gsagt: Des isch
mei Bluat, des Gott ond d Menscha zamma-
bendat, des wird fir viele vergossa. 25 So isch's, i
sag eich: I trenk koin Wei meh bis zom Tag, wo
e nei oin trenk em meim Vater seim Kenigreich.

Der hot d Menscha kennt

26 Jetzt hend se Psalma gsonga, ond drnoch send
se naus an da Eelberg ganga. 27 Ond Jesus sagt
ana: I seh's komma: I ben eich zwider. En dr
Schrift stoht's: Da Schäfer breng e om, no
verlaufat sich d Schof. 28 Aber wenn e wieder
onter de Lebige ben, gang e eich noch Galiläa
voraus. 29 Dr Petrus aber hot zu am gsagt: Au

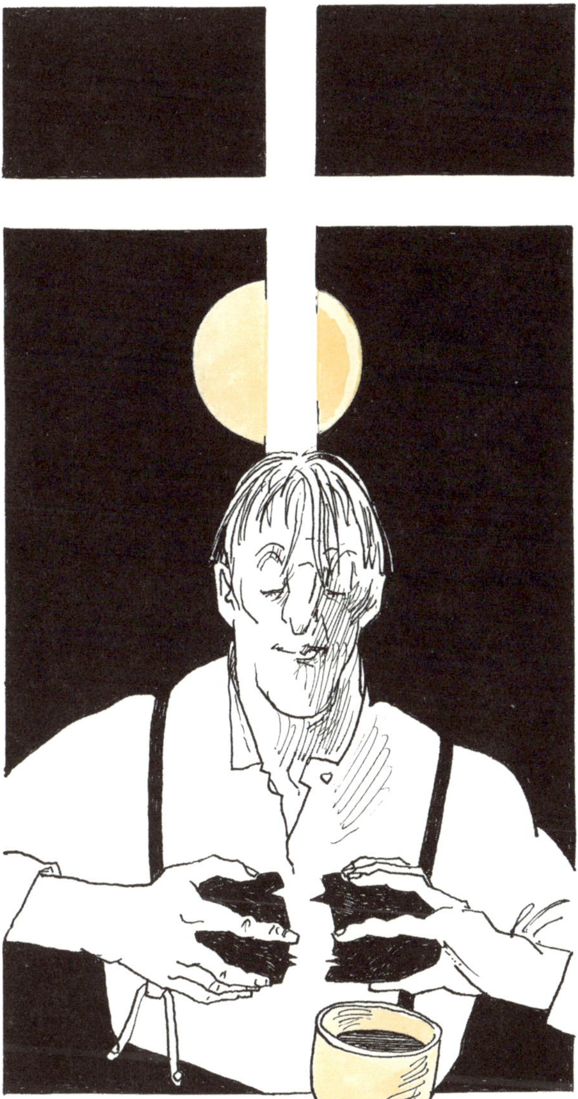

wenn du älle zwider bisch, mir net! 30 Ond Jesus
sagt am: So isch's, i sag dr's: Eba grad du, heit en
dr Nacht, no vor dr Gockel zwoimol kräht hot,
hosch du me dreimol verrota. 31 Dem aber isch's
rausgfahra: Au wenn e mit dir sterba miaßt – die
verrota? Nia, nia em Leba! Ond nix anders hend
älle andre gsagt.

En Todesengsta hot r zittrat

32 Se kommat zu ma Landguat, der Garta hoißt
Getsemani. Ond er sagt seine Jünger: Do setzat
eich na, i gang beta. 33 Petrus, Jakobus ond
Johannes nemmt r mit. Do packt an sei ganz
Elend a, d Engst iberfallat an. 34 Ond er sagt na:
Mi packt Todesangst. Bleibat do ond bleibat
wach! 35 Ond a paar Schritt weiter isch r auf da
Boda gsackt ond hot betat: Miaßt e doch dia
Stond net derleba. 36 Ond er hot gsagt: Abba, du
mei liaber Vater, du! Du kaasch ällas, laß den
Becher a mr verbeiganga. Aber net wia i will,
ganz wia du's willsch. 37 No kommt r ond sieht,
wia se schlofat. Ond er sagt am Petrus: Simon,
du schlofsch! Hosch koi Kraft ghet, a Stond
wach z bleiba? 38 Bleibat wach ond betat, daß
eich nix aficht. Ihr wellat scho, aber ihr kennat
net. 39 Ond nomol isch r weg, hot betat mit de
gleiche Wort. 40 Ond wieder isch r komma, ond

se hend gschlofa; d Auga send ana zuagfalla, ond
se hend net gwißt, was se am do drzua saga sol-
lat. 41 S dritte Mol isch r komma ond sagt ana:
Ihr schlofat weiter ond ruahat eich aus? Jetzt
isch d Stuond do. S roicht. Dr Menschasoh fellt
en d Hend von de Baise. 42 Auf, mir gangat! Do
– der, wo me verrota hot, isch nemme weit.

Wia s an verhaftet hend

43 Ond glei – no wo r des gsagt hot, isch dr Judas
do gwesa, oiner von de Zwelf, ond om an rom
Knecht mit Schwerter ond Prigel, dia hend d
Hohepriester, d Schriftstudierte ond dia vom Äl-
testarat gschickt. 44 Der wo an verrota hot, hot
na a Zoicha geba ghet. Des: Der, dem e an Kuß
wia ma Freind gib, der isch's! Den packat ond
fihrat an sicher – daß nix drzwischa kommt –
ab! 45 Auf Jesus isch r zuakomma ond hot gsagt:
Meister! Ond hot am gschmoichelt. 46 Dia hend
an packt ond nemme loslassa. 47 Oiner, wo dr-
beigstanda isch, hot sei Schwert zoga ond auf da
Knecht vom Hohepriester neigschlaga ond hot
am a Ohrläpple abgschlaga. 48 Do hot Jesus
agfanga ond dene gsagt: Wia gega an Stroßarei-
ber send r mit Schwerter ond Prigel loszoga, daß
r me packat. 49 Älle Täg ben e bei eich em Tem-
pel gwesa, han glehrt, ond ihr hend net

zuapackt. Aber so hot's noch de Schrifta passiera
miassa. [50] Ond älle hend an henga lassa, send auf
ond drvo. [51] Oi jonger Kerle isch henter am
drei, bloß a leinas Hemad hot r aghet. Se packat
an. [52] Der hot sei Hemad fahra lassa ond isch
nackat auf ond drvo.

Se hend am da Prozeß gmacht

[53] Se hend Jesus zom obersta Hohapriester
brocht. Ond do kommat älle zamma, d Hohe-
priester, d Ältaste ond d Schriftstudierte.
[54] Petrus isch am vo weitam bis en da Hof vom
obersta Hohapriester nochganga, hot sich zu de
Knecht naghockt ond sich am Feier gwärmt.
[55] D Hohepriester ond dr ganze Hohe Rat hend
gega Jesus noch era stichfeste Aussag gsuacht,
daß se s Todesurtoil iber an fella kennat. Bloß –
se hend nix gfonda. [56] Weil viele a verlogas Zeig
drhergschwätzt hend, ond weil, was dr oi ond dr
ander gsagt hot, net zammapaßt hot. [57] A paar
von dene falsche Briader, wo gega n ausgsagt
hend, hend ageba: [58] Mir hend's mit onsere
oigane Ohra gheert: I hau den Tempel – a
Menschagmächt – zamma ond bau en drei Täg
an andra, wo koi Menschahand baut hot. [59] Aber
au dia Zeigaaussaga hend net zu andre paßt.
[60] Do isch mittladren em Saal dr Hohepriester

aufgstanda ond hot Jesus gfrogt: Du sagsch zu äll
dem nix? Dia hend doch ällerloi gega de vor-
brocht! 61 Er aber hot koi Sterbeswertle gsagt.
Nomol hot an dr Hohepriester gfrogt: Bisch du
dr Messias, am Hochglobta sei Soh? 62 Jesus hot
gsagt: Der ben e. Ond ihr sehat da Menschasoh:
Rechts vom Mächtiga sitza wia r kommt mit de
Wolke vom Hemmel. 63 Do verreißt dr Hohe-
priester sei Gwand ond sagt: Wa brauchat mir

jetz no Zeiga? 64 Ihr hend dia Gotteslästerong
gheert! Wa moinat r? Ond do send älle zom
gleicha Schluß komma: Der verdeant da Tod.
65 No hend an glei a paar agspiea, hend am s
Gsicht zuadeckt, hend an mit de Feist traktiert
ond zu am gsagt: Jetzat zoig, daß d a Prophet
bisch! Jetz, wer isch gwä! Ond d Hausknecht
hend am d Backa verschlaga.

Wia dr Petrus sein Meister verrota hot

66 Drweil isch dr Petrus onta em Hof gwesa, ond
s kommt oina vo de Mägd vom Hohapriester
verbei, 67 sieht, wia dr Petrus sich aufwärmt,
guckt an a ond sagt: Du bisch au mit dem Jesus,
mit dem Nazarener, zamma gwesa. 68 Der aber
hot's abgstritta ond gsagt: Vo wa schwätzsch do
bloß drher, do komm e net mit! Ond isch naus
en da Vorhof. Do hot dr Gockel kräht. 69 Aber
dui Magd hot an au do draußa gseha ond nomol
drmit agfanga, zu dene, wo romgstanda send,
gsagt: Desch au oiner vo dene! 70 Er hot's zom
zwoite Mol abgstritta. Ond glei drnoch hend dia
em Krois zom Petrus nomol gsagt: Herrgottsa-
kerment, du gheersch zu am, schwätzsch ja au
wia d Galiläer! 71 Do hot r z fluacha agfanga ond
äle Oid gschwora: I kenn den Menscha net, vo
dem ihr's do hend. 72 Ond glei drnoch kräht dr

Gockel zom zwoita Mol. Ond am Petrus isch siadighoiß komma, was Jesus am gsagt hot: No vor dr Gockel zwoimol kräht, hosch du me dreimol verrota. Do hot's an packt ond er hot losgheilt.

Ausgliefrat an da Pilatus

15 1 Glei en äller Herrgottsfriah hend d Hohe-
priester mit de Ältaste ond de Schriftstu-
dierte ond am ganza Hoha an Entscheid gfaßt, se
hend Jesus gfesslat, hend an wegbrocht ond am
Pilatus ausgliefrat. 2 Ond dr Pilatus hot an gfrogt:
So, du bisch also dr Kenig von de Juda? Er aber
sagt am: Du sagsch des! 3 Ond d Hohepriester
hend älles Megliche gega an vorbrocht. 4 Dr Pila-
tus hot nomol zu am gsagt: Du sagsch do drauf
nix? Siehsch net, was se dr ällas vorschmeissat!
5 Aber Jesus hot koi Sterbenswertle meh gsagt, do
isch dr Pilatus ganz perplex gwesa.

Ans Kreiz mi ma Kenig

6 Älle Johr zom Fest hot r an Gfangana frei glas-
sa – den hend se sich raussuacha dirfa. 7 Do isch
domols oiner gwesa, Barabbas hot r ghoissa,
gfanga mit andre Revoluzzer, wo bei dem Auf-

stand oin hend ombrocht ghet. [8] S Volk isch en
Schara naufzoga ond hot gforderat, daß r s wia
älle Johr helt. [9] Dr Pilatus hot se no gfrogt: Soll e
eich da Kenig von de Juda frei geba? [10] Weil r
gmerkt hot, daß dia Oberpriester den aus puram
Neid ausgliefrat ghet hend. [11] Aber d Hohepries-
ter hend d Leit aufghetzt: er soll ena liaber da
Barabbas frei lassa. [12] Dr Pilatus hot aber nomol
agsetzt ond ana gsagt: Wa soll e no mit dem
macha, wo r da Kenig von de Juda hoißat? [13] Do
hend se gschriea ond geschriea: Ans Kreiz mit
dem! [14] Dr Pilatus aber hot gmoint: Wa hot der
bloß Schlemms do? Do hend se no lauter
gschriea: Ans Kreiz mit dem! [15] Pilatus hot aber
mit de Leit koin Ärger kriaga wella, hot noch-
geba, da Barabbas frei lassa. Jesus hot r frei geba,
daß m an auspeitscht ond drnoch ans Kreiz
schlegt.

D Soldata machat sich an Fucks

[16] D Soldata hend an abgfihrt en da ennera Hof
von dr Statthalterei; hend a ganza Halbhondert-
schaft Soldata zammatrommlat, [17] hend am an
Purpuromhang azoga, a Kron aus Dorna gfloch-
ta ond am aufgsetzt. [18] Hend agfanga, a Spekta-
kel mit am z macha, Hugoles mit am z treiba,
hend sich vor an naknuialat, hend am salutiert:
Salve rex, Gruaß dir, Judakenig. [19] Hend am mi
ma Bambusrohr auf da Schädel ghaua, hend an
agspiea, ond emmer wieder send se vor am na-
knuialat ond hend an tiafa Hofknix vor am
gmacht. [20a] Wo se so ihran Schabernack mit am
trieba ghet hend, hend se m da Purpuromhang
auszoga, seine oigane Kloider wieder azoga.
[20b] Drnoch hend s an nausgfihrt zom Kreiziga.

Mit ihre Engst hend se da Messias ombrocht

[21] Oin, wo grad von seim Acker komma ond
verbeigloffa isch, da Simon aus Zyrene, da Vater
vom Alexander ond vom Rufus, hend se gnetigt,
daß r am s Kreiz abnemmt. [22] So brengat s an an
dia Stell, wo Golgota hoißt, auf deitsch: Galga-
berg. [23] Do hend se am Wei mit Myrrha gwirzt
geba wella, er hot an aber net agnomma.

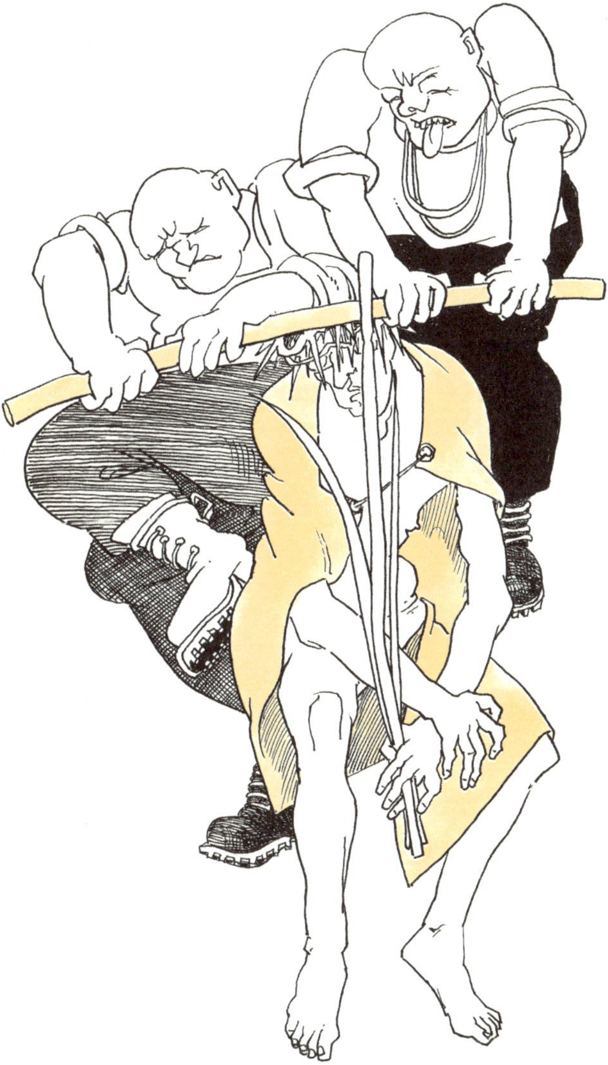

[24] Dann hend s an ans Kreiz gschlaga. Hend
seine Oberkloider vertoilt, ausglost, wer was
kriagt. [25] S isch am Nochmittag gwesa, wo s an
ans Kreiz gschlaga hend. [26] S Schild am Kreiz
hot sei Schuld azoigt: Dr Kenig von de Juda.
[27] Mit am zamma hend se zwoi Verbrecher krei-
zigt, da oine rechts, da andra lenks von am.
[28] Wia's d Schrift sagt: Se hend am sein Platz
mitta onter de Verbrecher geba. [29] D Leit, wo
verbeigloffa send, hend koi guats Hoor an am
lassa, d Kepf gschittelt ond gsagt: Ha, daß e net
lach: Du reischt da Tempel ei ond bauscht an
wieder auf en drei Täg. [30] Hilf dr selber, steig
ronter vom Kreiz! [31] Ond d Oberpriester ond
Schriftstudierte hend ihran Muat an am kiahlt
ond gsagt: Andre hot r gsond gmacht, fir sich
selber brengt r nix zamma: [32] A scheener Mes-
sias! Dr Kenig vo Israel! Jetzat kasch's zoiga,
vom Kreiz rontersteiga, no sehat mr's, no setzat
mr auf de. Au dia zwoi Verbrecher hend an
gheerig glästerat. [33] Ond von Zwelfe bis Drei
isch em ganza Land Nacht worda, bis om d
neinta Stond. [34] Ond om dia Stond hot Jesus mit
ra gwaltiga Stemm nausgschriea: Eloi, Eloi, lama
sabachtani. Des hoißt: Herrgott, Herrgott, wa-
rom hosch me du em Stich glassa! [35] Der ond
der, wo do drbei gstanda isch, hot gsagt: Hend r
s gheert: Der ruaft noch am Elias. [36] Do isch
oiner gschwind weggspronga, hot an Schwamm

en Essigwei donkt, auf an Bambusstang gsteckt,
hot am z trenka geba wella ond gsagt: Jetzat se
mr doch gspannt drauf, ob dr Elias kommt ond
an ronterholt! 37 Jesus aber hot laut nausgschriea
ond da Geist aufgeba. 38 Ond da Vorhang em
Tempel hot's en Fetza grissa – mitta durch von
oba bis onta. 39 Wia der Hauptma, wo geganiber
von am drbeigstanda isch, Jesus hot so sterba
seha, hot r gsagt: Do gibt's koin Zweifel: Der
Mensch isch a Gottessoh gwesa! 40 Au Fraua
send do gwesa – dia hend vo weitam her zua-
guckt, dronter d Maria vo Magdala ond d Maria,
d Muater vom kloina Jakob ond vom Jose, au d
Salome. 41 Dia send emmer om an rom gwesa
ond hend am gholfa en Galiläa; ond no viele
andre Fraua, wo mit an noch Jerusalem nauf
komma gwä send.

Do hot a Stadtrat Schneid ghet

42 Wo's no scho Obend worda isch, s isch dr
Freitag, dr Vortag vom Fest gwesa, 43 isch dr Jo-
sef aus Arimathäa, a agsehaner Ratsherr, komma,
der hot au gwartet auf m Herrgott sei Reich. Er
hot sich a Herz gnomma, isch zom Pilatus ganga
ond hot om da Leichnam von Jesus bittat. 44 Des
hot da Pilatus verwondrat: Isch r scho tot? Er
hot noch am Hauptma gschickt ond an gfrogt,

ob r scho tot isch. 45 Ond wo dr Hauptma gmel-
dat hot, daß so isch, hot r am Jesus da Leichnam
lassa. 46 Er hot a Leituach kauft, hot an vom
Kreiz gnomma, en des Leituach eigschlaga, en a
Felsagrab glegt; drvor an Stoi gschoba. 47 D
Maria vo Magdala ond d Maria, d Muater vom
Jose, hend sich's gmerkt, wo man naglegt hot.

Dia Drei vor am leera Grab

16 1 Wo dr Schabbes rom gwä isch, hend d
Maria vo Magdala, d Maria, am Jakobus sei
Muater ond d Salome ällerloi Wirzeel kauft, se
hend ans Grab wella, an eisalba. 2 Ond en äller
Herrgottsfria kommat se am erschta Tag von dr
Woch ans Grab – grad isch d Sonn aufganga.
3 Ond se hend ontranander gsagt: Wer wälzt ons
au da Stoi von dr Grabkammer weg? 4 Ond se
hend guckt ond glei gseha: dr Stoi isch weg-
gschoba gwesa, a Mordsdromm vo ma Stoi.
5 Ond wia se ens Grab nei send, hend se rechts
an jonga Bursch en ra weißa Kutt hocka seha –
do isch na dr Schnaufer standa blieba. 6 Der aber
sagt ana: Verschreckat net! Ihr suachat Jesus von
Nazaret, den se ans Kreiz gschlaga hend. Er isch
onter de Lebige. Er isch net do. Guckat – do
hend se n naglegt. 7 Gangat jetzt ond sagat seine
Jünger ond am Petrus: Er goht eich voraus noch

Galiläa; do sehat r an, wia r des eich gsagt hot.
8 Ond naus send se wia gjagt. Hend zittrat ond
bibbrat, noch Luft gschnappt. Ond hend mit
nearmed au bloß a Sterbenswertle gschwätzt –
en ihrera Hemmelsseelaangst.

Koiner glaubt, daß Jesus lebt

9 En äller Herrgottsfriah am erschta Wochatag
hot r sich, wia r leibt ond lebt, z erscht dr Maria
vo Magdala zoigt; aus dera hot r sieba baise
Goister austrieba ghet. 10 Se isch ganga ond hot's
seine Jünger verzehlt, dene isch schlecht ganga,
ond wia se gheilt hend. 11 Wo dia aber gheert
hend, er isch am Leba, ond se häb an gseha,
hend se äll dem aber auch scho gar net traut.
12 Aber drnoch hot r sich zwoi von seine Jünger
zoigt, wo se grad iber Land onterwegs gwä send
– ond hot ganz anders ausgseha. 13 Ond dia send
zrickkomma ond hend's älle andre verzehlt;
aber au dene hend se iberhaupt nix glaubt.

Mei Wort, wo's eich wohl wird

14 Z guater Letscht aber, wo se grad beim Essa
glega send, hot r sich de Elf zoigt. Do hot r na's
vorgworfa, daß se mit ihre Herza aus Stoi dene

so wenig glaubt hend, wo an lebig gseha hend
ond dia net ernst gnomma hend,
15 Ond er hot
na gsagt: Gangat naus en d Welt ond brengat
älle s guate Wort, bei dem s oim wohl wird.
16 Wer ällas auf mi setzt ond en dr Tauf nei wird,
der wird grettat; wer aber mir net traut, der isch
verlora.
17 Dene, wo ohne zruck z gucka, ällas
auf mi setzat, dene gschieht dees: E meim Nama
treibat se d baise Goister aus, se hend a ganz
neia Sproch,
18 se kennat älle Schlanga alanga,
ond wenn se Gift trenkat, duat na des nix.
Kranke, wo se d Hend auflegat, machat se
gsond.

Jesus lebt! Iberall vermeldat se sei Wort

19 Jetzt, wo r na des gsagt ghet hot, isch Jesus, ihr
Meister, en da Hemmel naufgfahra ond hot sich
rechts vom Gottvater gsetzt.
20 Seine Jünger aber
send nauszoga ond hend iberall sei Wort vermeldet. Ond er isch drbei gwesa ond hot des
Wort durch Zoicha glaubhaft gmacht.

Anmerkungen zum „Schwäbischen Markus“

Max Frisch läßt seinen Gantenbein sagen: „Ich habe stets das Gefühl von Rolle, wenn ich Hochdeutsch spreche.“ Eine Rolle spielen ist wohl nicht das Wahre, wenn es darum geht, wie der Mensch dem „Unbekannten“, „ewig Ungenannten“ (Goethe) begegnet, den wir „Gott“ nennen. Wie soll man von ihm, mit ihm sprechen? „Wie die Mutter im Hause, die Kinder auf der Gassen, der gemeine Mann auf dem Markt und denselbigen auf das Maul sehen ... wie sie reden ... so dolmetschen ... die Bibel übersetzen“, sagt Luther. Da ist die Rede von etwas Unmittelbarem, Echtem; Herznahem, Ursprünglichem, von einer Nähe, die stimmt.

Können Luthers Grundsätze seiner Bibelübersetzung ins „Deutsche“, Hoch-, Mitteldeutsche, auch für die schwäbische Mundart gelten, in der man auch so spricht, wie einem der Schnabel gewachsen ist?

Also den Markus in schwäbischer Lautung, schwäbische Bilder und ihre Sinnlichkeit setzen, den rechten Ton des Markus-Evangeliums treffen! Den lebendigen, würzigen, eigen-artigen Ausdruck im Herzton der Mundart treffen, ohne dabei in die Falle des Banal-flach-platten zu geraten! Ja – der Markus auf schwäbisch, geht das? Da bleibt immer ein ungelöster Rest wie bei allem „Dolmetschen“. Martin Buber sagt es: „Übersetzen heißt, zwei Herren dienen. Also kann es niemand“ (Der Bibelübersetzer.)

Wenn um 1480 ein Schwabe südlich von Ulm den Psalm 23, Vers 5, so wiedergibt: „Du schmirbst mir mein Grend mit Schmotz“, kann man sicher Fragezeichen anbringen. Auch wenn ich den Vers einmal so versucht habe: „Du fihrsch me ens Bad fir d Gäscht zom Hend wäscha“. Die Umwelt des Psalmisten ist da nicht ganz genau gesehen, die anspielt auf das unverletzliche Gastrecht bei Jahwe im Tempel als der Asylstätte für den Bedrängten. Jahwe lädt ihn ein zu sich, damit er sich geborgen fühle, sich erhole vor dem Mahl mit ihm, dem Tischherrn (nach Alfons Deissler).

Wie soll ich „Erbarmen“ wiedergeben? „Erbarmen“, hebräisch, will sagen: „Mutterschoß“ oder „wie Vater und Mutter sich verhalten“. Also könnte ich schwäbisch statt des vagen „Erbarme dich meiner“ sagen: Sei mr dr liabe Vater, mei liaba Mutter!“.

Wie soll ich „Evangelium“ ins Schwäbische bringen? Daß man hierzulande Ja dazu sagt?: „Froha Botschaft“, „Guata Botschaft“, „Froha Nochricht“? „S frohe Wort“, „S glickliche Wort“, S Glickswort“, „S Wohlwort“? Es soll ja nicht sonderbar, komisch, wunderlich klingen, nicht „gspäßig“ einem vorkommen. Ich habe es versucht mit: „S Wort vom Markus, wo s dr wohl wird – auf schwäbisch“.

Statt „Er hat sich ihnen geoffenbart“, sage ich: „Er hot ena zoigt, wer r isch“.

„Glauben“, was ja weniger mit Kopf als Verstand als mit Herz und der ganzen Existenz des Menschen zu tun hat, habe ich ins Schwäbische so „ver-setzt“ (Fridolin Stier): „auf den kaasch setza, auf den kaasch baua, dem kaasch blend (ver)traua; auf den isch obedengt Verlaß“; an den kaasch de halta“; „an dem kaasch de heba“ und ähnliche Fügungen.

„Auferstehung“ wird „wieder onter de Lebige, de Lebendige sei“:

„Ewiges Leben“: „s neie Leba fir emmer“;

„Umkehr“: „andre, neie Weg ganga“.

„Pharisäer“ sind „Gsetzwächter“,

„Schriftgelehrte“: „(Bibel)Schriftstudierte“; „Hohepriester“ habe ich nicht geändert; statt „Samaritaner“ „Ausländer“ gesagt; „Dämonen“, „böse Geister“ sind zu „baise Goischter“, „osaubere – wiaschte – kranke“ geworden, man könnte auch an Abergoischter, Widergoischter, Wahngoischter … denken.

„Sünde(r)“ ist schwer ins Schwäbische zu bringen. „Bosgen“ ist zu schwach. Ich habe „schlemma Sach“, „schlemme Sacha“, „Frevel – Frevler“, „baise Gschichta“

gewählt. Oder ich habe es belassen: „Sendaleit – Sendaberg“.
Lange habe ich mich gefragt: Wie halte ich es mit den „Jüngern“? Soll ich „Freunde – Boten – Apostel – Jenger – Lehrleng – Schialer – Liabe Gsella (eine Fügung Luthers) – „Gottes Sohn ist worden euer Gsell, euresgleichen“ (auch Luther) sagen? Ich habe „Jünger“ gelassen.

Immer ist es mir darum gegangen: keine unnatürliche Überhöhung, kein falscher Abstand, keine unverständlichen „heiligen“ Formelwörter, kein unecht sakral erhabener Bibeljargon. Der „Markus auf schwäbisch“ versteht sich so auch als ein kleiner Beitrag zu Sprache und Kirche heute. Statt sprachlich auf der Stelle zu treten, sollten wir auf den gleichen Boden wie unsere Mitmenschen treten, auf dem gleichen Boden stehen, damit wir ver-standen werden.

Ein altes Beispiel (80er-Jahre) für verqueres Deutsch: Wenn der katholische Priester zur Kommunion einlädt, spricht er: „Herr, ich bin nicht würdig, daß du eingehst unter mein Dach“ Eine Kommission damals wollte ändern“ statt „Dach“ „Herz, Haus, Wohnung, Familie“ setzen, aber sie setzte sich nicht durch, nichts geschah. Franzosen und Engländer haben da weniger Skrupel. Sie sagen: „dich empfangen“, Italiener: „an deinem Tisch teilnehmen“. Ja: Denk ich an Deutschland in der Nacht …
James Joyce wird gerühmt (vom amerikanischen Schriftsteller J. Heller), nie ein „literarisches“ Wort zu verwenden, sondern „gewöhnliche“ Wörter. Die Brauchbarkeit Joyces hier ist begrenzt!
Soll ich „Korb“ oder „Krätta“ nehmen bei der Speisung der Fünftausend? In der Bisasprache Sambias gibt es dreizehn Wörter für „Korb“. Welches nehmen? Man überlegte und betete dort Wochen, bis man Klarheit gewonnen hatte.
Dann: Von Landstrich zu Landstrich, von Ort zu Ort spricht man sein eigenes Schwäbisch. Meinen Text hier

sollte jede(r) sich nach seiner schwäbischen Weise zurecht sprechen – in Wortwahl, in Lautung, bei den Endungen, bei den Vokallängen und -kürzen, bei harten oder weicheren Konsonanten. Ein paar Beispiele: No – drnoch – drauf – do drauf; gschmissa – keit, gheert – glosat, kloine – wo(u)nzige, ausglacht – ausglachat, gern – gera, Engst – Engsta(er), wo r isch – wo n r isch(d), lau – lassa, wa – was, vo – von, sagt – sait, worda – wora, net – eta – neta; jetzt – jetzet – jetzat; gwä -gwäsa – gwesa.
Im Satzbau nach „weil" habe ich manchmal „Unrichtiges" getan. Statt „weil r viele gsond gmacht hot" habe ich geschrieben: „weil – er hot viele gsond gmacht" – ein in lebhafter Rede vorkommender schöner schwäbischer Grammatikverstoß.
Noch etwas: Es gibt auch im hebräischen, griechischen, lateinischen Bibelttext, soweit ich sehe, unsichere Stellen. Sagt Jesus: „Mein Leben ist in Betrübnis bis zum Tod" oder „Ich bin zu Tode betrübt"?
Zum „Schwäbischen" abschließend: Es ist eher verbal, hat im Satzgefüge eher Neben- statt Unterordnung, wenig Konjunktive, außer um auch einmal zu zeigen, daß man den Konjunktiv schon „kann". Es hat kein Präteritum (war), sondern das Perfekt (isch gwesa).
Im Italienischen spielt man mit dem Wort „Übersetzer" = „Verräter" – siehe Martin Buber. Dann: „Nobody is perfect" Luther hat ständig an seinem gedruckten Text weitergearbeitet, Änderungen anderer Autoren übernommen.
Zum Schluß: Gustave Flauberts „Wörterbuch der Gemeinplätze" zufolge hat man Übersetzer zu belächeln. Ja? Bitte schön! Freie Bahn für Herrn und Frau „Man"!

Willi Habermann